U0930618

中国工程院咨询项目

中国传统酿造食品行业技术与装备发展战略研究

孙宝国　主　编
黄明泉　副主编

科学出版社
北　京

内 容 简 介

本书是中国工程院咨询项目“中国传统酿造食品行业技术与装备发展战略研究”的成果。主要从我国白酒、黄酒、酱油和食醋四种传统酿造食品产业入手，详细阐述了国内外这四个行业的历史、现状、存在的问题和发展态势，以及面临的新趋势、新挑战，提出了未来 20 年我国这四个传统酿造食品产业实现可持续健康发展的方向和目标，以及促进我国传统酿造食品产业可持续健康发展的政策咨询建议。

本书可供传统发酵食品行业相关的行政管理人员、科研教学人员、企业管理人员等阅读参考。

图书在版编目（CIP）数据

中国传统酿造食品行业技术与装备发展战略研究/孙宝国主编. —北京：科学出版社，2020.1

中国工程院咨询项目

ISBN 978-7-03-062751-3

Ⅰ. ①中… Ⅱ. ①孙… Ⅲ. ①酿造工业-工业发展战略-研究-中国 Ⅳ. ①F426.82

中国版本图书馆 CIP 数据核字（2019）第 243533 号

责任编辑：贾 超 侯亚薇 / 责任校对：杜子昂

责任印制：肖 兴 / 封面设计：东方人华

科学出版社 出版

北京东黄城根北街 16 号

邮政编码：100717

http://www.sciencep.com

艺堂印刷（天津）有限公司 印刷

科学出版社发行 各地新华书店经销

*

2020 年 1 月第 一 版 开本：720×1000 1/16

2020 年 1 月第一次印刷 印张：10

字数：200 000

定价：98.00 元

（如有印装质量问题，我社负责调换）

本咨询项目组成员

序号	姓名	职称	职务	工作单位
1	孙宝国	中国工程院院士	校长	北京工商大学
2	庞国芳	中国工程院院士		中国检验检疫科学研究院
3	朱蓓薇	中国工程院院士		大连工业大学
4	岳国君	中国工程院院士		国投生物科技投资有限公司
5	王守伟	教授级高工	院长	北京食品科学研究院
6	郑福平	教授	副院长	北京工商大学
7	毛　健	教授		江南大学
8	黄明泉	教授		北京工商大学
9	孙金沅	副研究员		北京工商大学
10	孙啸涛	高级实验师		北京工商大学
11	李贺贺	实验师		北京工商大学

前　言

食品工业是我国国民经济的重要支柱产业之一。2017 年我国食品工业主营业务收入 10.52 万亿元，在全国工业中占比 9.03%，其中白酒、黄酒、酱油、食醋等传统酿造食品主营业务收入 6869.24 亿元，在食品工业中占比 6.53%，已成为食品工业的重要组成部分。然而，我国传统酿造食品普遍采用自然接种、多微共酵、开放式生产方式，存在功能微生物认识不清、发酵过程调控困难、原料利用率低、生产效率低、产品在品质风味方面的批次稳定性差等问题。而日韩、欧美等国家对纳豆、泡菜、干酪等传统酿造食品微生物及其调控机制均进行了深入的研究，基于微生物解析实现酿造工艺的现代化改造，辅以智能化酿造技术，显著提升了传统酿造食品品质。

针对上述问题，本书通过文献查阅、调查问卷、现场考察、专家研讨等方式，在全球资源和能源日益短缺、生态环境不断恶化、消费者食品安全意识不断提高、居民营养健康需求日益增加等新形势下，分析国内外酿造食品产业发展的战略背景和发展趋势，详细研究和阐述我国改革开放以来，传统酿造食品产业在酿造机理研究和传统酿造工艺改造等方面取得的进展，以及在国家经济社会发展等方面做出的突出贡献和取得的突出成就；从我国政策法规、经济、社会文化及自然环境等方面，详细分析我国传统酿造食品产业发展中面临的问题与困境，并提出可行的政策方案或建议。

本书运用比较研究、典型案例研究、经验性研究等多种研究手段，进行归纳、推理和论证，直面全球酿造食品产业发展的战略背景、新形势和新需求，从传统酿造食品加工转化率、酿造加工技术和装备、科技投入和成果转化、产业结构、资源利用和环境污染等方面分析目前我国传统酿造食品产业发展中需要解决的关键科学问题与技术。

本书结合我国传统酿造食品产业的发展态势和世界酿造食品产业发展的新趋势、新挑战，对未来 20 年我国传统酿造食品产业实现可持续健康发展的蓝图进行整体规划和设计，明确未来我国传统酿造食品产业的发展思路和发展目标，凝练未来我国传统酿造食品产业发展的重点任务，提出支撑我国传统酿造食品产业可持续健康发展的重大共性关键技术，并在此基础上，提出促进我国传统酿造食品产业可持续健康发展的政策建议。

2020 年元月

目　录

第 1 章　白酒行业技术与装备发展战略

中国是酒的故乡，酒品种多样，产量丰富。爱酒人士不分南北，无论男女，饮酒之风，历经数千年而不衰。据考证，酒在中国有 9000 多年的酿造历史，河南贾湖遗址考古发掘中已经证实了这个问题。当时酿酒用的原料有大米、蜂蜜、葡萄和山楂，但是那时用大米酿造的酒没有过滤。最古老的酒类文献是公元前 6000 年左右古巴比伦人用黏土板雕刻的祭奠用啤酒制作方法，可见世界啤酒的历史有 8000 多年。在浙江省余姚市河姆渡镇河姆渡遗址考古发掘中，出土了大量人工栽培的稻谷和类似酒器的陶器，显示中国黄酒的历史约有 7000 多年。2016 年 5 月，王佳静等对西安米家崖遗址出土的疑似酒器的陶器内壁残留物进行了研究，发现中国人可能在 5000 多年前就已经掌握了啤酒酿造工艺，论文发表在 PNAS 上。中国新疆的穆萨莱思是中国最古老的葡萄酒，距今有 3000 多年的历史。另外，2016 年海昏侯出土文物——蒸馏酒器的出现，显示中国的白酒酿造有 2000 多年的历史。可以说，白酒（Baijiu）、黄酒（Huangjiu）是中国的国酒，目前主要由中国生产。

经过多年的发展，酒已经形成了独特的酒文化，成为中国传统文化，特别是饮食文化的重要组成部分。茅台酒、泸州老窖酒、杏花村汾酒和绍兴黄酒三种白酒和一种黄酒的酿制技艺率先入选 2006 年 5 月 20 日第一批国家级非物质文化遗产名录。随后，蒸馏酒、酿造酒和配制酒三种传统酿造技艺分别入选 2008 年 6 月 14 日第二批国家级非物质文化遗产名录。

酒文化包括酒的制法、品法、作用、历史等。既有酒自身的物质特征，也有品酒所形成的精神内涵，是制酒、饮酒活动过程中形成的特定文化形态。酒文化在中国源远流长，不少文人名士写下了品评鉴赏美酒佳酿的著作，留下了斗酒、写诗、作画、养生、宴会、饯行等酒类佳作。例如，“李白斗酒诗百篇，长安市上酒家眠。天子呼来不上船，自称臣是酒中仙。”（杜甫《饮中八仙歌》）“醉里从为客，诗成觉有神。”（杜甫《独酌成诗》）“俯仰各有态，得酒诗自成。”（苏轼《和陶饮酒二十首》）“一杯未尽诗已成，诵诗向天天亦惊。”（杨万里《重九后二日同徐克章登万花川谷月下传觞》）。南宋政治诗人张元年说：“雨后飞花知底数，醉来赢得自由身。”酒醉而成传世诗作，这样的例子在中国诗史中俯拾皆是。

不仅诗如此，在绘画和中国文化特有的艺术书法中，酒的作用更是不可缺。

“吴带当风”的画圣吴道子，作画前必酣饮大醉方可动笔，醉后为画，挥毫立就。“元四家”中的黄公望也是“酒不醉，不能画”。“书圣”王羲之醉时挥毫而作《兰亭集序》，“遒媚劲健，绝代更无”，而至酒醒时“更书数十本，终不能及之”。草圣张旭“每大醉，呼叫狂走，乃下笔”，于是有其“挥毫落纸如云烟”的《古诗四帖》。李白写醉僧怀素：“吾师醉后倚绳床，须臾扫尽数千张。飘风骤雨惊飒飒，落花飞雪何茫茫。”怀素酒醉泼墨，方留其神鬼皆惊的《自叙帖》。

在许多场合，酒作为一种文化符号，一种文化消费，用来表示一种礼仪，一种气氛，一种情趣，一种心境。不仅如此，中国众多的名酒不仅给人以美的享受，而且给人以美的启示与力的鼓舞；每一种名酒的发展，都包含劳动者一代接一代的探索奋斗，因此名酒精神与民族自豪息息相通，与锐意进取精神紧密相接。这就是中华民族的酒魂！与欧洲标榜的“酒神”，堪称伯仲。似乎可以认为，有了名酒，中国餐饮才得以升华为荣耀世界的饮食文化。

中国的白酒和黄酒也早已享誉全球。在 1915 年巴拿马万国博览会，中国得了 50 多个奖，从甲等大奖到银奖，不管是白酒、黄酒还是药酒，都得到了广泛认可。1985 年，时任河北省正定县委书记的习近平在访问美国时曾把白酒作为礼品赠送给美国朋友。2012 年“十八大”之前，按照惯例，时任国家副主席的习近平到美国访问，又送给美国朋友一瓶花雕酒。2015 年 11 月 7 日，两岸领导人习近平与马英九在新加坡香格里拉酒店会面，共进晚餐时，双方相互赠送了白酒作为礼品。在 2017 年 10 月“十九大”期间，习近平总书记对白酒产业的发展也非常关心，参加贵州代表团讨论期间，详细了解了“岩博酒”的生产销售情况。

总的来说，酒作为一种特殊的文化载体，在人类交往中占有独特的地位。酒文化已经渗透到人类社会生活中的各个领域，对人文生活、文学艺术、医疗卫生、工农业生产、政治经济各方面都有着巨大影响和作用。

1.1 国内外酿酒行业的现状

1.1.1 国内酿酒行业的现状

中国酒的发展经历了从果酒到谷物酒，再到蒸馏酒的发展过程，特别是中华人民共和国成立以来，酒行业得到了飞速发展，呈现酒的品类不断增多、产量不断上升、品质不断提高的新态势，形成了以白酒为主，黄酒、葡萄酒和啤酒等共同发展的新格局。目前，中国的酿酒行业，包括白酒、黄酒、啤酒、葡萄酒、果酒和酒精等，经过多年的发展取得了巨大的成就，一直以来都是利税大户之一。

近年来，国内酿酒行业的整体情况如表 1.1 和图 1.1 所示。

表 1.1　2015～2018 年酿酒行业的整体情况

年份	规模以上企业数/家	总产量/万千升	销售收入/亿元	利润总额/亿元	税金/亿元	出口额/进口额/亿美元
2015	2689	7429.33	9229.17	1018.07	853.15	11.68/38.28
2016	2742	7226.30	9780.63	1094.47	—	13.33/43.31
2017	2781	7077.41	9239.57	1314.03	—	13.11/47.12
2018	2546	—	8122.00	1476.45	—	—

注：1 万千升=10^7 L。

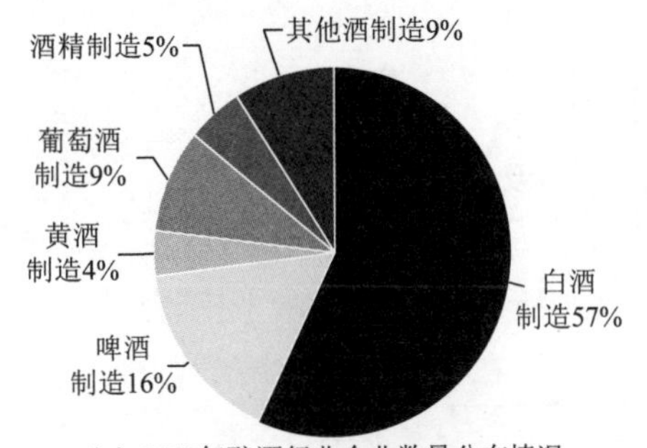

（a）2017年酿酒行业企业数量分布情况

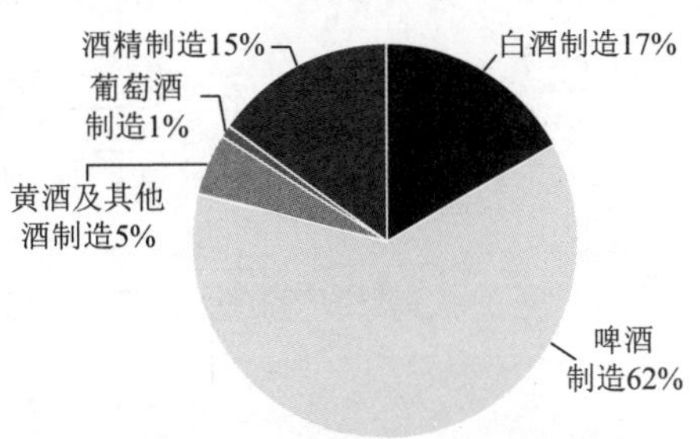

（b）2017年酿酒行业产品产量分布情况

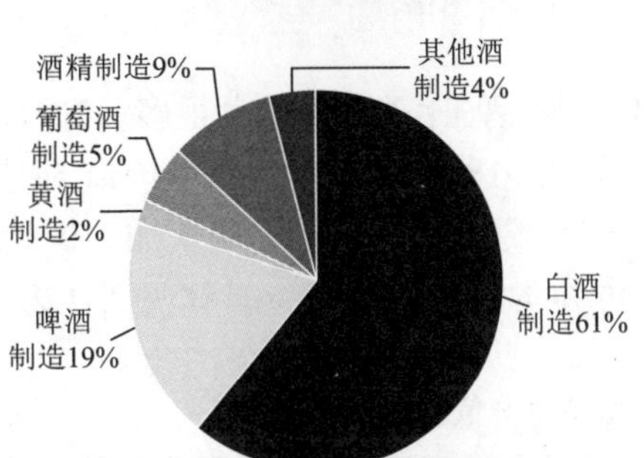

（c）2017年酿酒行业销售收入分布情况

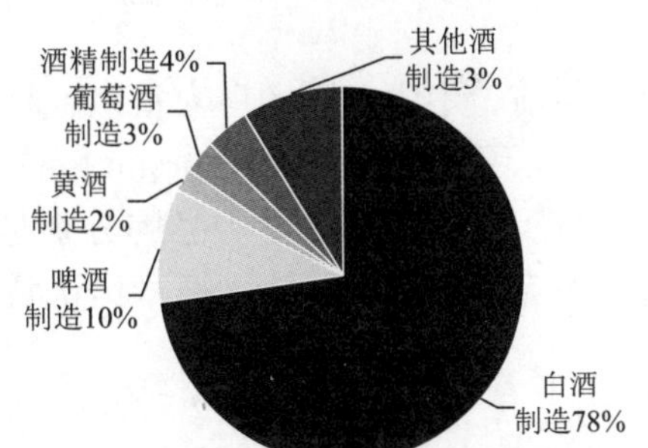

（d）2017年酿酒行业利润分布情况

图 1.1　2017 年国内酿酒行业中各个分行业的占比情况

资料来源：工业和信息化部消费品工业司，2018

从表 1.1 可知，近年来酿酒规模以上企业 2500 多家，产量 7000 多万千升，销售收入达 8000 多亿元，利润总额接近 1500 亿元，出口额 13 多亿美元，进口额近 50 亿美元。但是，最近几年总产量在下降，销售收入先增后降，而利润一直增加；进口产品以葡萄酒、啤酒和蒸馏酒为主；出口产品以白酒、葡萄酒和啤酒为主，白酒中出口量最大的是豉香型白酒。如图 1.1 所示，2017 年规模以上酿酒企业数量、销售收入和利润的占比都是白酒行业第一，啤酒行业第二，但产量却是啤酒行业第一，白酒行业第二，而黄酒各方面占比都较小。近五年来，白酒在企业数量、销售收入和利润三个方面一直都是独占鳌头。

白酒过去也称为烧酒，与威士忌（Whisky）、白兰地（Brandy）、伏特加（Vodka）并称世界四大蒸馏酒，其他蒸馏酒还有朗姆酒（Rum）、金酒（Gin）和龙舌兰酒（Tequila）。目前，中国的白酒主要有12种香型，包括酱香、浓香、清香、凤香、米香、兼香、药香、特香、豉香、芝麻香、老白干香及馥郁香。其中，清香、浓香、酱香、米香型是中国白酒的四大主要香型，浓香、酱香型结合衍生出兼香型，浓香、清香型结合衍生出凤香型，浓香、清香、酱香型结合衍生出特香型和馥郁香型，以酱香型为基础衍生出芝麻香型，以米香型为基础衍生出豉香型，以浓香、酱香、米香型为基础衍生出药香型，以清香型为基础衍生出老白干香型，具体如图1.2所示。

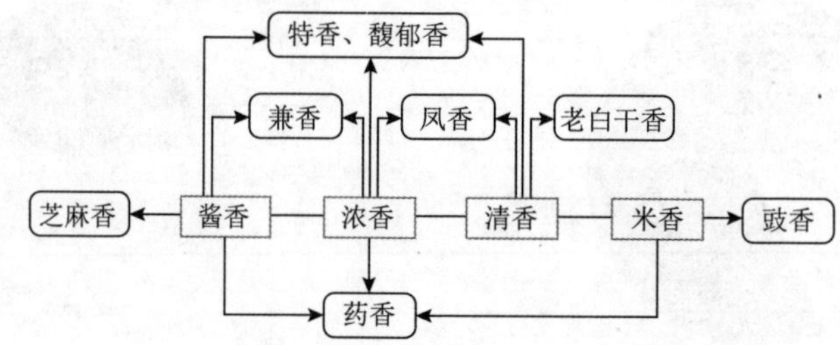

图1.2 中国白酒香型的衍生图谱

目前，中国白酒的厂家很多，相应的各种香型白酒的品牌也很多。2018年年底，英国品牌评估机构Brand Finance发布“2018年全球烈酒品牌价值50强”排行榜。进入榜单的前十品牌分别是茅台、五粮液、洋河、尊尼获加、泸州老窖、杰克丹尼、轩尼诗、斯米诺伏特加、古井贡酒和百加得，具体见表1.2。

表1.2 2018年全球烈酒品牌价值10强

排名	品牌	原产地	所属集团	品牌价值/亿美元	增长率/%
1	茅台（Moutai）	中国	贵州茅台	212.43	73
2	五粮液（Wuliangye）	中国	宜宾五粮液	146.35	161
3	洋河（Yanghe）	中国	江苏洋河酒厂	77.95	82
4	尊尼获加（Johnnie Walker）	英国	帝亚吉欧	42.97	–6
5	泸州老窖（Luzhou Laojiao）	中国	泸州老窖	38.25	52
6	杰克丹尼（Jack Daniel’s）	美国	百富门	35.17	15

续表

排名	品牌	原产地	所属集团	品牌价值/亿美元	增长率/%
7	轩尼诗（Hennessy）	法国	LVMH 集团	33.06	22
8	斯米诺伏特加（Smirnoff）	美国	帝亚吉欧	32.35	59
9	古井贡酒（Gujing Gong Jiu）	中国	古井贡酒	24.51	67
10	百加得（Bacardi）	美国	百加得集团	23.78	9

资料来源：北京宇博智业市场咨询有限公司，2019。

从表 1.2 中可知，中国白酒品牌茅台、五粮液和洋河占据前三名，进入前十的中国白酒品牌还有泸州老窖、古井贡酒。据统计，50 强烈酒品牌的总价值约为 920 亿美元，其中中国五大品牌的价值总和约为 499 亿美元，占比超过 50%。

1.1.2　国际酿酒行业的整体情况

国外酿酒行业产品主要包括葡萄酒、啤酒和蒸馏酒，其中蒸馏酒（烈性酒）主要包括伏特加、威士忌、白兰地、金酒、朗姆酒和龙舌兰等。

白兰地和朗姆酒直接以糖为原料进行液态发酵生产；威士忌、伏特加和金酒则以淀粉为原料，先糖化后发酵制备。其中白兰地、威士忌和朗姆酒的生产工艺如图 1.3～图 1.5 所示。

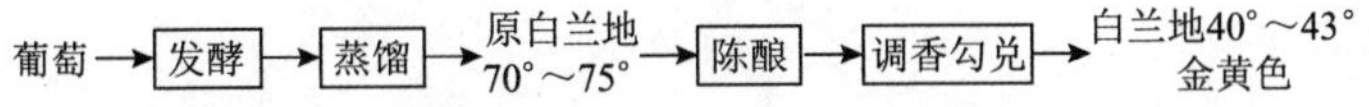

葡萄 → 发酵 → 蒸馏 → 原白兰地 70°～75° → 陈酿 → 调香勾兑 → 白兰地40°～43° 金黄色

图 1.3　白兰地的生产工艺

麦芽 → 破碎 → 蒸煮 → 糖化 → 发酵 → 蒸馏 → 原威士忌 ～70° → 陈化 多年 → 调香勾兑 → 威士忌 40°～43°

图 1.4　威士忌的生产工艺

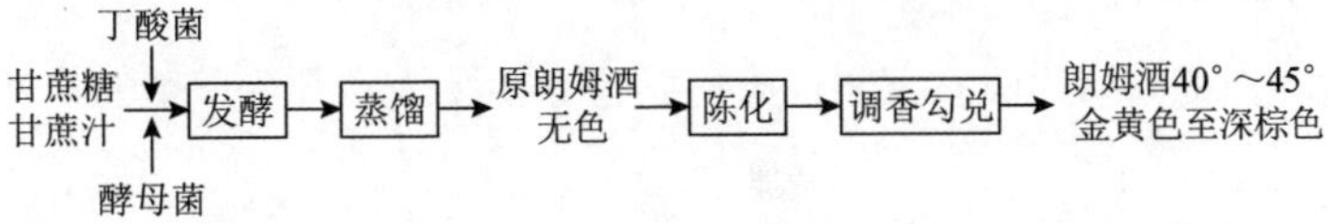

丁酸菌、酵母菌；甘蔗糖 甘蔗汁 → 发酵 → 蒸馏 → 原朗姆酒 无色 → 陈化 → 调香勾兑 → 朗姆酒40°～45° 金黄色至深棕色

图 1.5　朗姆酒的生产工艺

美国管理咨询与市场研究公司 Lucintel 发布报告《2013—2018 年全球酒饮市场：趋势、预测与机遇分析》称，2018 年全球酒精饮品市场达 13690 亿美元。2018 年各洋酒产地消费金额占比及增速如图 1.6 所示。

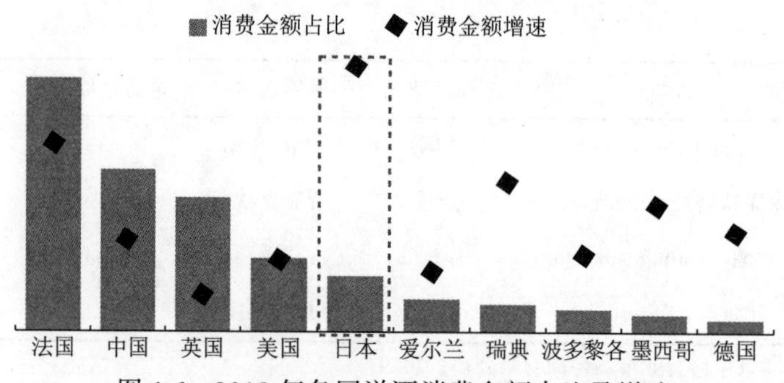

图 1.6　2018 年各国洋酒消费金额占比及增速

资料来源：北京宇博智业市场咨询有限公司，2019

由图 1.6 可知，2018 年各洋酒产地消费金额占比前五位分别是法国、中国、英国、美国和日本，其中日本相比 2017 年消费金额增加了 1 倍以上，主要由日本威士忌所驱动。与风味强烈的欧美威士忌相比，日本的威士忌柔和爽口，更适合中国消费者的口味，逐渐也被许多中国消费者所喜爱。

根据英国国际葡萄酒及烈酒研究机构（IWSR）和英国烈酒商业网站的统计，2018 年全球畅销的 10 大烈酒品牌数据（表 1.3）公布，排名第一的是真露，没有一个中国品牌。真露是韩国烧酒中的第一大品牌，占据了韩国烧酒市场的 50%，出口至世界 100 多个国家和地区。韩国也是烈酒人均消费量最大的国家。真露的酒精度为 20°左右，价格非常便宜。真露的销量第一，与其酒精度低和价格便宜密切相关，同时也顺应了全球低酒精度饮用潮流，符合市场需求。

表 1.3　2018 年全球畅销的 10 大烈酒品牌

排名	品牌	类型	2016 年销量/百万箱	2017 年销量/百万箱	增长/%
1	真露	烧酒	71.9	75.6	5.15
2	Officer's Choice Whisky	威士忌-印度	32.9	32.0	–2.74
3	Emperador	白兰地	28.0	27.1	–3.21
4	McDowell's No.1Whisky	威士忌-印度	26.7	26.6	–0.38
5	Smirnoff	伏特加	25.5	26.0	1.96
6	Tanduay	朗姆酒	16.6	19.5	17.47
7	Imperial Blue	威士忌-印度	18.0	19.0	5.56
8	Royal Stag	威士忌-印度	18.0	18.7	3.89

续表

排名	品牌	类型	2016 年销量/百万箱	2017 年销量/百万箱	增长/%
9	帝亚吉欧	威士忌-苏格兰	17.4	18.3	5.17
10	百加得	朗姆酒	17.2	16.8	−2.33

资料来源：北京宇博智业市场咨询有限公司，2019。

目前，全球酿酒行业消费量及国际贸易量皆呈稳步增长态势。2008 年、2013 年和 2018 年全球烈酒的销售量对比如图 1.7 所示。从该图中可以看出相比 2008 年，2013 年烈酒销售量增加了 11.48%，2018 年则增加了 26.23%，烈酒的消费呈现不断增加的趋势。

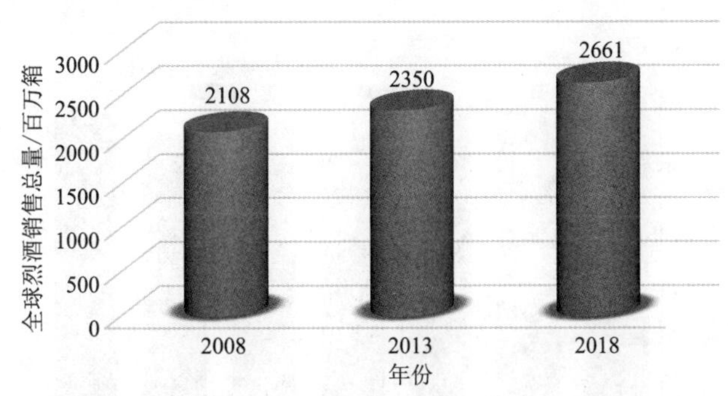

图 1.7　2008 年、2013 年和 2018 年全球烈酒的销售量

根据国际葡萄酒及烈酒研究机构记录的最新预测数据，在 2016～2020 年间，全球静态酒及起泡酒的消费量将增长 1.9%；全球烈性酒市场总量预计将超过 32 亿箱，年复合增长率为 0.6%。到 2021 年，全球高级烈性酒的消费增长量有望超过 4600 万箱，而美国和中国的总增长量就可能达到 3000 万箱。全球五大高级烈性酒消费增长市场分别为美国、中国、英国、俄罗斯和墨西哥。2017 年美国烈性酒的销售情况见表 1.4。

表 1.4　2017 年美国烈性酒的销售情况

烈性酒类别	美国威士忌	龙舌兰酒	干邑	爱尔兰威士忌	伏特加
销售额/亿美元	34	27	16	8.97	62
涨幅/%	8.1	9.9	13.8	12.8	2.2

国际葡萄酒及烈酒研究机构的研究成果表明，亚太地区烈酒消费量占全球的 63%，中国是全球最大的烈酒消费国。但在全球范围内，烈酒均呈现本地产

烈酒消费量最大的局面。在中国，白酒占烈酒销售份额的95%以上，干邑、白兰地和威士忌在中国也呈现消费增长势头。

目前，在国际烈酒市场中，英国威士忌的市场占有率最高，达到30.25%；法国白兰地位列第二，国际市场占有率约为11.5%～13%；伏特加排名第三，约为4%。中国白酒的销售数量/客单量（MS值）不到1%，仅有0.76%。

英国产的苏格兰威士忌已成为英国重要经济支柱，介绍如下。

苏格兰威士忌占有全球大部分的威士忌高端市场，每年为英国经济增加50亿英镑的价值，提供超过4万个职位，行业规模超过了英国的钢铁、纺织、造船和计算机行业，被视为提升英国经济增长、增加就业和支持社区并结合了传统与现代精华的文化资产。2011～2017年，苏格兰威士忌的出口情况如图1.8所示。

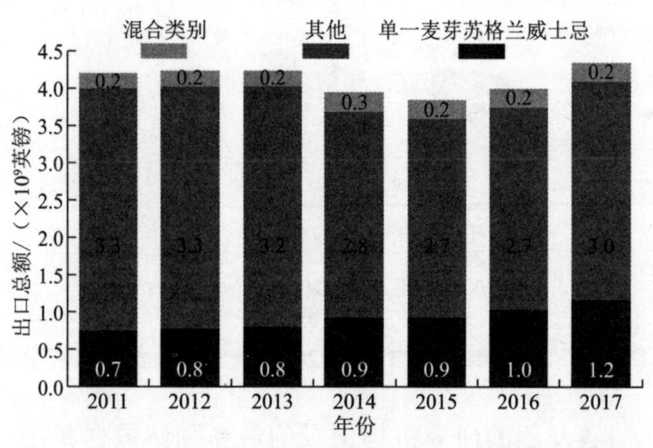

图1.8 2011～2017年英国苏格兰威士忌的出口情况

由图1.8可知，2011年苏格兰威士忌出口总额高达42亿英镑，之后略有下降，2017年又开始增加。2017年，苏格兰威士忌出口量占英国食品出口量的20%，出口总额为44亿英镑（59.0亿美元），同比上升8.9%。目前，苏格兰威士忌的海外市场主要有欧洲（32%）、北美洲（25%）和亚洲（20%），以及中美洲和南美洲（8%）、中东（6%）、非洲（4%）和澳大利亚（3%）。2017年苏格兰威士忌出口中国6100万英镑，约为5.2亿人民币。

苏格兰威士忌海外市场的成功得益于以下三点举措。一是通过行业组织形成合力，消除贸易障碍。近年来，苏格兰威士忌协会积极游说欧盟和英国政府放松对烈性酒的零售限制，推动欧盟气候变化公约取消对威士忌产业的限制等，在推广苏格兰威士忌、保护行业利益方面发挥着关键作用。二是严格维护产品质量，树立高端品牌形象。从1933年财政法案到2009年苏格兰威士忌法规，英国通过立法方式对苏格兰威士忌的原料、工艺、陈化和装瓶进行了严格规定。三是巩固传统市场，积极开拓新型市场。英国外交部、贸易投资总署和驻外使领馆，都将苏格兰威士忌作为英国品牌海外推广的重要商品，对苏格兰威士忌的海外市场扩张积极给予指导与协助。

1.2　白酒行业

我国白酒有悠久的历史，之前基本上都是手工作坊制作，呈现“前店后厂”的格局；但在中华人民共和国成立之后，许多地区在私人烧酒作坊基础上相继成立了地方国营酒厂，我国白酒产业发展从此进入了新的历史阶段，由私人经营的传统酿酒作坊逐渐向规模化工业企业演变。与此同时，全国开展了总结传统经验为特征的大规模白酒试点研究，并逐步开展酿酒机械化改进，完成了基础的技术准备，为白酒行业的规模化发展奠定了基础。在白酒品牌方面，国家自 1952 年开始陆续进行了多次名酒评选，评选出茅台、汾酒、五粮液、泸州老窖、西凤等“中国名酒”产品，在一定程度上奠定了目前白酒产业格局的基石。但是，在计划经济体制下，我国白酒产业发展速度较为缓慢。

改革开放后，特别是近 30 年以来，我国白酒行业快速发展并取得了巨大成就。2005～2017 年，我国白酒产量由 349 万千升增长至 1198 万千升。

1.2.1　白酒的历史发展阶段

总体上，1949 年以后，白酒产业由私人经营的传统酿酒作坊逐渐向规模化工业企业演变，但在计划经济体制下，白酒产业发展速度较为缓慢。从 1985 年之后的 30 多年间，白酒产业在发展过程中呈现出“螺旋式上升”的特点。在经历一段时间的快速发展后，也会随着国家宏观经济发展周期和相关产业政策进入调整期，具体如图 1.9 所示。

中华人民共和国成立以后，白酒行业经历了多轮调整发展的周期，根据对行业历史的梳理，白酒的发展与当时所处的宏观、中观和微观环境有着密不可分的关系，具体情况如下。

第一时期：1949～1988 年，平稳发展阶段

宏观因素：计划经济，企业规模扩大受制于国民经济计划；白酒核心价值是物质短缺时代和国家制度的最好诠释。

中观因素：重视基础研发，出酒率提高；注重质量，进行了 4 次国家名酒评选会（表 1.5）；1988 年 7 月白酒价格管制放开。

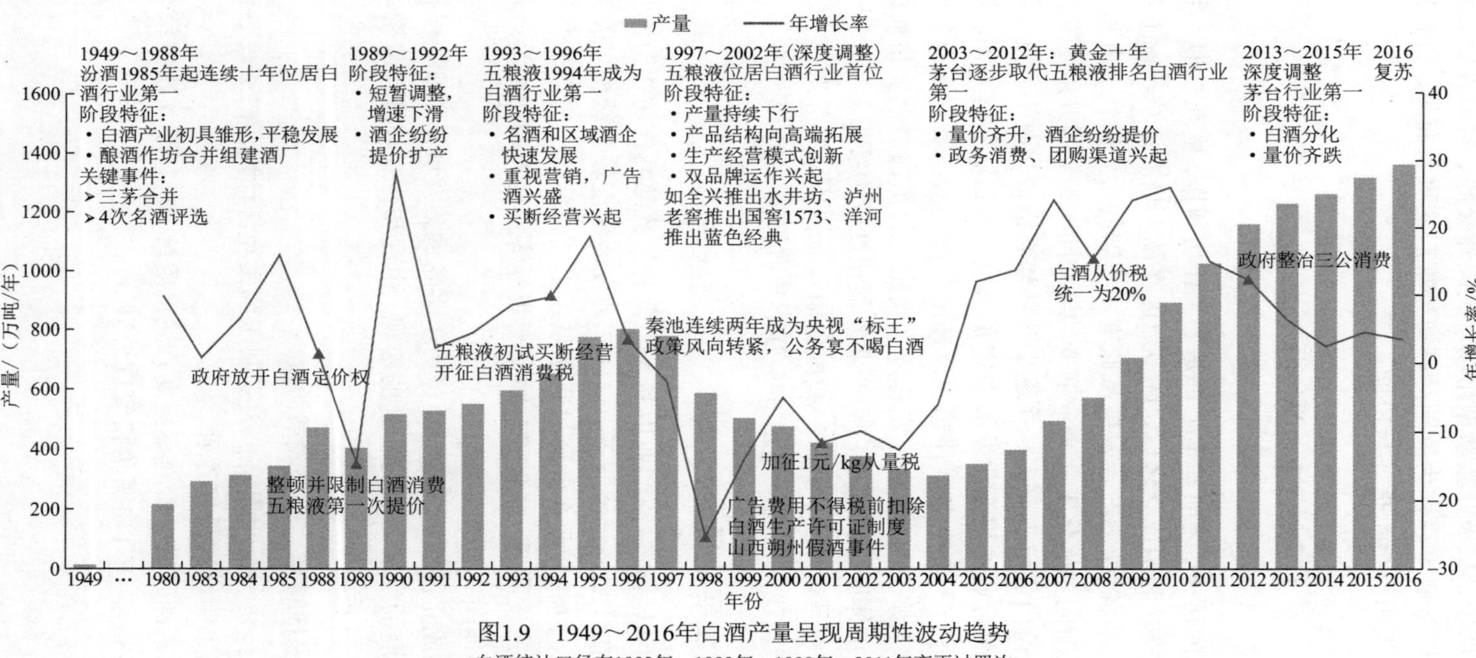

图1.9　1949～2016年白酒产量呈现周期性波动趋势

白酒统计口径在1992年、1993年、1998年、2011年变更过四次

资料来源：方正证券研究所，2017

表 1.5　中国白酒的 5 次国家名酒评选会

年份	评选	品牌
1952	四大名酒	茅台酒、汾酒、泸州大曲酒、西凤酒
1963	八大名酒	五粮液、古井贡酒、泸州老窖特曲、全兴大曲酒、茅台酒、西凤酒、汾酒、董酒
1979	八大名酒	茅台酒（大曲酱香）、汾酒（大曲清香）、五粮液（大曲浓香）、剑南春（大曲浓香）、古井贡酒（大曲浓香）、洋河大曲（大曲浓香）、董酒（其他香型）、泸州老窖特曲（大曲浓香）
1984	十三大名酒	茅台酒、汾酒、五粮液、洋河大曲、剑南春、古井贡酒、董酒、西凤酒、泸州老窖特曲、全兴大曲酒、双沟大曲、特制黄鹤楼酒、郎酒
1989	十七大名酒	茅台酒、汾酒、五粮液、洋河大曲、剑南春、古井贡酒、董酒、西凤酒、泸州老窖特曲、全兴大曲酒、双沟大曲、特制黄鹤楼酒、郎酒、武陵酒、宝丰酒、宋河粮液、沱牌曲酒

微观因素：产品供不应求，价格上涨，茅台、五粮液、汾酒扩大产能；价格管制放开后，名酒开始分化，泸州老窖、古井贡、沱牌等降价降度，茅台、五粮液、剑南春开始提价、塑造高端白酒形象，白酒行业第一阵营初步形成。

第二时期：1989～1992 年，行业调整期，白酒产量增速下滑

宏观因素：计划经济向市场经济转变后期，为抑制 1988 年末逐渐开始显现的通货膨胀，国家从 1989 年开始对宏观经济“治理整顿”，货币政策收紧，对酒企的资金和销售造成负面影响。

中观因素：政务消费受限，限制名酒上桌，名优白酒价格受到压制。

微观因素：酒企降价自保，茅台酒价格下降超过 50%，五粮液、泸州老窖产品价格都降至 50 元以下。

第三时期：1993～1996 年，重视营销，广告酒兴盛

宏观因素：1992 年，邓小平同志的“南方谈话”推动了新的改革发展热潮，经济增长成为发展主线，宏观经济高速增长，高通胀。

中观因素：广告营销盛行；行业大规模扩产，1996 年达到产量高峰期，超过 800 万吨；买断品牌开始兴起。

微观因素：孔府家酒凭借一支央视广告一夜成名，秦池酒厂两度成为“标王”，许多小酒企也在各种媒体上大放异彩。

第四时期：1997～2002 年，行业走入寒冬，白酒产量锐减

宏观因素：1997 年爆发的亚洲金融危机，使得白酒出口增速下降到 0.5%，5 年的通货紧缩导致国内经济持续低迷。

中观因素：行业遭遇诚信危机，产业政策限制白酒行业发展。国家在该时期出台了一系列白酒产业政策，如推出白酒生产许可证制度、从价和从量复合计征白酒消费税、白酒广告宣传费不予在税前扣除等，对以中低端产品为主的企业造成了较大冲击。

微观因素：鲁酒标王事件、山西假酒事件；古井贡、泸州老窖、汾酒陷入经营困境；五粮液在冲击中稳住了价格，自此超越茅台十年之久。

为应对艰难局面，白酒企业主动开展生产经营模式创新。例如，五粮液集团在五粮醇买断经营模式基础上，推出多款买断产品，孕育出五粮春、金六福、浏阳河、京酒等强势品牌；水井坊和国窖 1573 等超高档白酒产品的出现，体现了白酒市场竞争中价格的重要性，也形成了白酒企业多品牌运作的先河。

第五时期：2003～2012 年，黄金十年，量价齐升

宏观因素：经济蓬勃发展，出口、投资拉动经济高速增长。2003～2012 年，我国国内生产总值（GDP）从 13.66 万亿元增长至 53.41 万亿元，年复合增长率超过 10%。

中观因素：经济发展带动政府商务交往活动增加，白酒的社交文化本质得到彰显，中高价位白酒兴起。

微观因素：白酒酿造技术水平和质量大幅提升，以口子窖、洋河为代表的老名酒企业走向复兴之路，各种营销模式开始推广；茅台开拓军政渠道，力保提价与品牌，取代五粮液排名行业第一。

第六时期：2013～2015 年，深度调整期，量价齐跌

宏观因素：中国宏观经济再次进入结构调整期，国内经济从投资型向消费型驱动的转型，经济出现软着陆，告别 GDP 高速增长时代。

中观因素：政府整治“三公消费”，各地禁酒令频出，白酒市场需求下降，产能过剩。国家相继推出“八项规定”“六项禁令”等一系列限制“三公消费”的政策，严格禁止公款消费高档酒。商务消费和政务消费等消费情景受限，极大影响了高档白酒的销售，导致高档白酒产品的销量快速下降，价格体系受到较大冲击。消费需求在短期内快速下降，使得白酒行业存在的产能过剩矛盾凸显，行业进入深度调整期。

微观因素：白酒价格经历断崖式下跌，五粮液、茅台、泸州老窖市场价格纷纷回调；白酒企业的收入利润增速减缓甚至下降。2014 年以来，高端白酒企业也在调整经营策略，开始抢占中档白酒市场，导致中档白酒市场的竞争进一步加剧，区域优势白酒企业的发展正在面临更大挑战。

第七时期：2016 年至今，行业复苏分化，个人消费崛起

宏观因素：伴随着国家经济的转型发展，居民收入和消费能力逐步提升。

中观因素：政务需求已降至谷底，商务需求有望改善，个人消费崛起成为白酒消费的主力军。终端用户白酒消费需求有所上升，带来白酒行业整体收入和利润有所增长。

微观因素：2015 年 8 月左右，五粮液和茅台酒市场价格涨幅近一成，高端白酒市场回升。2017 年以来，白酒整体呈现量价齐升的局面，中高端白酒复苏回暖较为显著。

未来，大众市场消费观念的改变和消费档次的提升是白酒行业发展的主要推动力量。白酒企业需要充分把握大众消费升级的黄金机遇，通过品质提升、市场细分和产品创新等手段，更好地满足大众市场的消费需求，推动产品结构的转型与升级。

由此可见，中国白酒行业的发展与国家的宏观经济（宏观因素）、产业政策（中观因素），以及白酒行业的品牌效应、产品结构、企业的营销模式等各方面（微观因素）都密切相关。

宏观经济是白酒发展的必要不充分条件，白酒行业的前景与宏观经济走势紧密相关。宏观经济为白酒行业的发展提供了一个大背景，是白酒行业发展的基础。历史数据表明，GDP 增速与固定资产投资的持续走向的确影响白酒行业的发展，如图 1.10 所示。

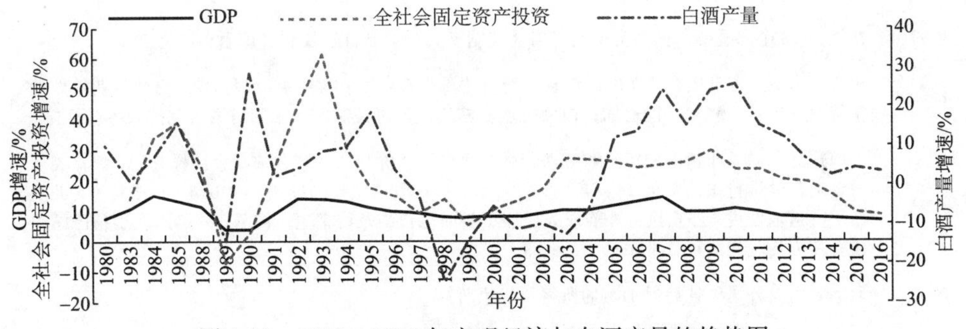

图 1.10　1980～2016 年宏观经济与白酒产量的趋势图

资料来源：方正证券研究所，2017

总体来看，经济增速与白酒行业的增速密切相关。例如，1993 年 GDP 增速开始持续下滑，宏观环境的疲软恶化不可避免地给白酒行业的增长带来压力，白酒的产量也随之下跌；同时 2003 年以后，宏观经济环境持续改善和回暖也推动了白酒行业向积极的方向发展，白酒进入“量价齐升”的黄金十年。

产业政策对白酒行业的发展具有直接而深远的影响。白酒行业作为国家限制发展的产业，政府对产业政策的调整和对行业的干预从未停止。在行业的发展过程中，无论是舆论层面还是产业政策层面，对白酒行业的需求和供给都产生了直接而深远的影响。

资料显示，1989 年、1998 年和 2012 年三次严格限制公务用酒，以及税收等政策的不断调整从严，加之当时宏观经济增长缓慢、通胀回落，对白酒行业的发展产生了直接冲击。一方面，消费税收紧使得白酒企业成本上升，低端产品发展受限，企业库存高；另一方面，政商务活动使用的高档白酒终端需求受到抑制而萎缩。价格下跌，渠道利润受到挤压，使得整个行业经历了多轮次调整。1984 年以来，白酒相关的产业政策和规定见表 1.6。

表 1.6 1984 年以来白酒相关的产业政策和规定一览表

时间	产业政策和规定内容
1984 年	国家不再对白酒企业调拨粮食，酒厂采用市场价采购粮食，酒税从 60%降到 30%，以弥补酒厂成本上升所带来的损失
1988 年	政府放开名烟名酒价格，实行市场调节，同时适当提高部分粮食酿造酒的价格
1989 年	中央办公厅和国务院办公厅发布严禁用公款宴请和有关工作餐的规定，工作餐不准上价格昂贵的菜肴，不准用公款购买烟酒
1993 年	《中华人民共和国消费税暂行条例实施细则》。从 1994 年元旦起对白酒同时征收消费税，其中粮食类白酒消费税税率为 25%，薯类白酒为 15%
1996 年	国家 23 个部委联合签署：公务宴请不喝白酒
1997 年	建立由 18 个部委参加的酒类产销联席会议制度，负责制订法规和管理酒类产销工作
1998 年	粮食类白酒（含薯类白酒）的广告宣传费一律不得在税前扣除；财政部印发《行政事业单位业务招待费列支管理规定》的通知；白酒行业实施生产许可证制度，限制白酒企业扩大生产规模
2001 年	国家税务总局颁布新的白酒税收方法，对白酒实行从价和从量结合的复合计税方法，粮食类白酒与薯类白酒维持按出厂价 25%和 15%的税率从价征收消费税的办法。对 0.5kg 白酒按 0.5 元从量新征一道消费税；停止执行外购或委托加工收回已税酒及酒精生产的酒，外购酒及酒精已纳税款或受托方代收代缴税款准予抵扣的政策
2002 年	取消对白酒公司先征后返 18%的所得税优惠政策
2006 年	粮食类白酒与薯类白酒的比例税率统一为 20%，从量税率不变
2009 年	国家税务总局发布《关于加强白酒消费税征收管理的通知》，消费税计税价格低于销售单位对外销售价格（不含增值税）70%以下，应该核定消费税最低计税价格
2011 年	醉酒驾驶营运机动车的，由公安机关交通管理部门约束至酒醒，吊销机动车驾驶证，依法追究刑事责任，十年内不得重新取得机动车驾驶证，重新取得机动车驾驶证后，不得驾驶营运机动车 发改委约谈部分白酒企业，发出“限价令”。要求行业协会及白酒骨干企业要起到维护白酒市场价格的作用，同时保障市场供应、稳定价格、不能再出现涨价现象，加强行业自律，加强对经销商的管理
2012 年	国务院召开廉政工作会议，要求严格控制“三公消费”，禁止公款购买香烟、高档酒和礼品 12 月，中央军委印发《中央军委加强自身作风建设十项规定》，要求不安排宴请、不喝酒、不上昂贵菜肴等

续表

时间	产业政策和规定内容
2015 年	7 月 15 日，国家税务总局发布关于白酒消费税最低计税价格核定有关事项的新通知：白酒生产企业申报的销售给销售单位的消费税计税价格低于销售单位对外销售价格 70%以下，年销售额 1000 万以上的各种白酒，消费税最低计税价格调整为省国税局核定，并要求省国税局每季度都要进行审核和上报
2017 年	9 月底，中央军委向全军和武警部队印发《关于严禁违规宴请喝酒问题的规定》，号称“最严禁酒令”，新的“禁酒令”提出“一个不准”“十一个严禁”，狠刹违规饮酒陋习

资料来源：方正证券研究所，2017。

白酒行业的发展最终要落脚于行业内企业的发展和进步，企业间围绕产品、品牌、营销等各个竞争要素展开的竞争优势的变革是影响行业走势的主导力量，如图 1.11 所示。

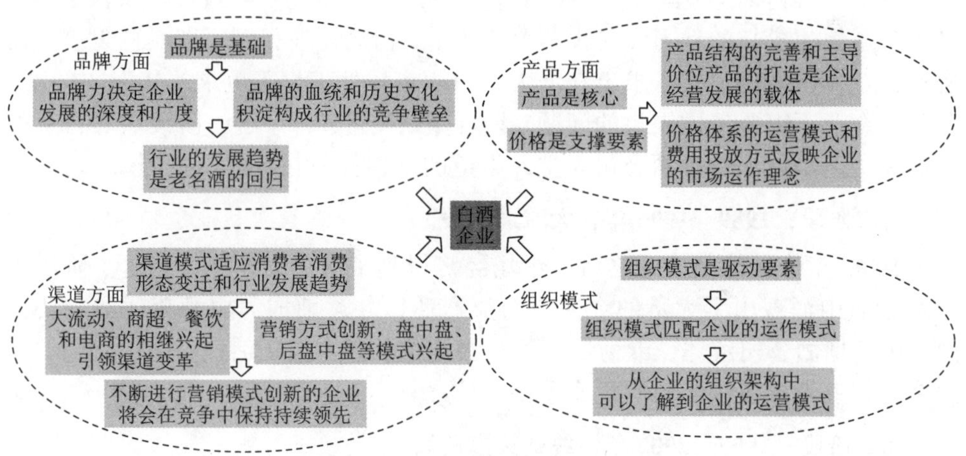

图 1.11　白酒企业营销要素结构图

资料来源：方正证券研究所，2017

根据所受外部环境影响的不同，白酒企业在近 40 年的发展过程中也可分为四个时期。

第一时期是 20 世纪 90 年代以前的“供给决定”时代。此时行业尚属于卖方市场，计划经济下白酒企业的粮食采购受到国家分配限制，直到 1984 年国家不再给白酒厂调拨粮食，酒厂采用市场价采购粮食之后，酒厂才开始走上扩产之路。

第二时期是 20 世纪 90 年代的“广告营销”时代。这一阶段国家经济正处于转型期，消费形态简单，单一媒介的影响力强，因此以秦池、孔府家、孔府宴为代表的鲁酒依靠巨额广告投入在业内外形成了很强的影响力。

第三时期是进入 2000 年以后的“渠道竞争”时代。这一时期政商务活动发展、餐饮渠道兴起，中高价位白酒开始成为主流，以口子窖、洋河为代表的老名酒企业走向复兴之路，盘中盘、后盘中盘、深度营销模式开始推广，直控终端，区域市场滚动发展成为渠道竞争的核心策略。

第四时期是经过 2013 年调整以后的以品牌为核心的系统化竞争时代。经过多年的行业洗礼，消费者品牌意识开始崛起，那些具备历史和传统的品牌获得了更多的青睐。近年来，行业发展的共性是老名酒的复兴，传统白酒品牌的发展速度要远超过行业的速度。

伴随着白酒企业发展过程，白酒的销售模式也在不断转变，也可分为以下五个阶段。

第一阶段：1978～1988 年，国营糖酒公司阶段

改革开放初期，中国经济还处于由计划经济向市场经济过渡的阶段，但已经具备了快速成长的动力。在这一大环境下，白酒行业得到了蓬勃的发展，而普通民众对白酒的消费需求也在增大，白酒市场处于供不应求的状态。所以，各白酒企业不需要考虑销售的问题，只要保证质量即可。这一阶段白酒行业的渠道模式还是以国营糖酒公司为主，渠道的掌控权不在企业而在国家。

第二阶段：1989～1996 年，大流通阶段

1988 年价格管制放开之后，市场经济得到了初步的建立。在这一阶段，白酒行业中涌现出了大量的个体户与流通商，并逐渐成为白酒流通的主要渠道，国营糖酒公司解体，市场步入了初级均衡状态。换句话说，这一时期的渠道掌控权逐渐过渡到了白酒厂家手中。

第三阶段：1997～2003 年，终端渠道阶段

市场经济进一步发展的过程中，市场开始从卖方市场转变为买方市场，一部分经销商敏锐地嗅到了改革的气息，紧跟时代步伐，成为以终端渠道把控市场的先行者。

第四阶段：2004～2010 年，多渠道共振阶段

在这一阶段，我国的市场经济已经走向完善，买方市场的结构特征更加明显，购买渠道日益多元化，经销商面临多渠道运作及高成本的难题。而在后盘中盘时代中，白酒厂家开始通过资源前置与集中投入来深度控制渠道。

第五阶段：2011 年至今，复合渠道竞争阶段

随着市场经济的深化发展，白酒行业的渠道形式骤然增多，“互联网+酒”逐渐成为新的经济常态，专卖店、定制等各种新形式也层出不穷。这表明白酒行业的复合渠道竞争时代来临了，渠道的掌控权不再只存在于一方，而是由厂商共同控制。

2016 年，“新零售”概念被提出后，各白酒企业自建新零售平台，与电商平台携手打造互联网白酒产品，实施线上线下一体化进程成为白酒行业内一种新的趋势。

1.2.2　白酒的行业格局

经过多年的不断发展，目前中国的白酒生产企业数量众多，绝大部分企业都完成了由私人经营的传统酿酒作坊向规模化工业企业的转变。据中国酒业协会不完全统计，我国白酒生产企业约有 2 万多家。2011 年规模以上的白酒企业达到上千家，2017 年规模以上的白酒企业资产总值达 6000 多亿元，具体见表 1.7。

表 1.7　2011～2017 年规模以上的白酒企业数量和资产总值

年份	2011	2012	2013	2014	2015	2016	2017
数量/家	1233	1290	1423	1498	1563	1578	1593
总资产/亿元	3095.03	3920.13	4759.07	5202.49	5528.39	6092.87	6362.25

中国白酒的分布广泛，每个省区都有一定数量的酒厂。从表 1.7 可知，规模以上的白酒企业众多，这也说明白酒市场容量大。但分散化现象明显，市场集中度偏低。这与不同地理区域的消费者对白酒文化、口味和品牌的偏好密切相关。

目前白酒产量排名前十的省区见表 1.8。

表 1.8　2006～2017 年白酒产量排名前十的省区

年份	排名前十的省区
2006	山东、四川、河南、江苏、安徽、辽宁、湖北、内蒙古、吉林、贵州
2007	四川、山东、河南、辽宁、内蒙古、江苏、安徽、湖北、河北、吉林
2008	四川、山东、河南、辽宁、湖北、江苏、安徽、内蒙古、河北、贵州
2009	四川、山东、河南、辽宁、湖北、吉林、内蒙古、江苏、安徽、河北
2010	四川、山东、河南、辽宁、江苏、安徽、吉林、湖北、内蒙古、河北
2011	四川、河南、山东、辽宁、江苏、内蒙古、吉林、安徽、河北、湖北
2012	四川、山东、河南、江苏、辽宁、湖北、内蒙古、吉林、安徽、黑龙江
2013	四川、山东、河南、江苏、湖北、内蒙古、吉林、辽宁、黑龙江、安徽
2014	四川、山东、河南、江苏、湖北、内蒙古、吉林、黑龙江、辽宁、安徽

续表

年份	排名前十的省区
2015	四川、山东、河南、江苏、湖北、内蒙古、吉林、黑龙江、安徽、辽宁
2016	四川、河南、山东、江苏、湖北、内蒙古、吉林、黑龙江、安徽、辽宁
2017	四川、河南、山东、江苏、湖北、内蒙古、吉林、黑龙江、安徽、辽宁

从表 1.8 中可以看出，近年来白酒产量排名基本固定，四川是酿酒大省，其次是河南、山东、江苏、湖北等省份，贵州和河北白酒产能发展较慢，近年排名已在前十名之外了。

另外，不同地域的白酒所处环境、所用原料和工艺上的差异，使得中国白酒的产品风格类型多样。在 1979 年原轻工业部主持的全国第三届评酒会上，中国白酒首次按香型、生产工艺和糖化剂、不同的地域、不同的工艺以及不同的酒体风格进行评比，科学地将中国白酒划分为不同的香型（表 1.5）。随后各地相继对所属地域优质白酒的传统工艺进行科学总结，并在继承的基础上有所创新和发展，白酒香型至今已具有 12 种香型，如图 1.2 所示。目前，白酒市场上出现了一些新香型白酒，如荞香型、陶香型等。部分白酒香型的风格特点和代表性品牌见表 1.9。

表 1.9　部分白酒香型的风格特点与代表性品牌

香型类别	感官风格描述	代表性品牌
酱香型	微黄透明、酱香突出、幽雅细腻、酒体醇厚、回味悠长、空杯留香持久	茅台、郎酒
浓香型	无色透明、窖香浓郁、绵甜醇厚、香味谐调、尾净爽口	泸州老窖、五粮液、剑南春、洋河、古井贡
清香型	无色透明、清香纯正、醇甜柔和、自然谐调、余味净爽	汾酒、二锅头、草原王
凤香型	无色透明、醇香秀雅、醇厚丰满、甘润挺爽、诸味谐调、尾净悠长	西凤酒
芝麻香型	清澈透明（微黄）、芝麻香突出、幽雅醇厚、甘爽谐调、回味悠长	景芝、国井、梅兰春

上述各种香型白酒中香味成分的种类基本相同，但其含量却差别较大，从而影响着白酒的风格质量和口味。因此，对白酒中的风味成分及含量进行研究，对白酒的发展具有深远的意义。

根据各白酒企业发布的年报数据（表 1.10），2017 年中国白酒企业营收前三名分别是贵州茅台、五粮液、洋河股份。我国白酒行业销售收入最高的是贵州茅台，销售收入为 582.18 亿元，占整个白酒行业销售收入比重的 10.53%，所占市场份额超过 10%。销售收入排名前三的企业占整个市场的份额为 19.59%，排名前五的企业占整个市场的份额为 23.60%，排名前十的企业占整个市场销售份额的 27.59%，可见行业内目前竞争较为激烈。

表 1.10　2017 年中国白酒企业营收前十名

排名	公司名称	营业收入/亿元
1	贵州茅台酒股份有限公司	582.18
2	四川省宜宾五粮液集团有限公司	301.87
3	江苏洋河酒厂股份有限公司	199.18
4	北京顺鑫农业股份有限公司	117.34
5	泸州老窖股份有限公司	103.95
6	安徽古井贡酒股份有限公司	69.68
7	山西杏花村汾酒厂股份有限公司	60.37
8	安徽口子酒业股份有限公司	36.03
9	安徽迎驾贡酒股份有限公司	29.52
10	江苏今世缘酒业股份有限公司	25.35

白酒行业属于完全竞争性行业，行业的市场化程度高，市场竞争激烈，行业调整不断深化。从全国市场来看，企业竞争优势来源于自身品牌的影响力、产品风格及营销运作模式。在单一区域市场，企业的竞争优势则取决于企业在该区域的品牌影响力、区域消费者的认同度和综合营销能力。

目前国内白酒主要香型的市场竞争格局为：浓香型白酒继续保持主导的市场地位，酱香、清香、凤香和兼香型白酒具有各自的消费群体和市场。由于浓香型白酒历史悠久，风格特点在广大白酒消费群体中有较高的接受度，加上浓香型白酒的名优酒较多，产品供应充足，市场普及度较高，因此，浓香型白酒依然占据白酒市场的主导地位。从表 1.10 可知，2017 年白酒销售营业收入前十名的厂家中 5 家生产浓香型白酒，如五粮液、洋河酒业、泸州老窖、古井贡酒、迎驾贡酒，今世缘酒业也以浓香型白酒为主，北京顺鑫农业也生产浓香型白酒。

受行业环境的影响，白酒行业产品结构开始出现调整。公务消费和商务消费明显减少，高档白酒需求量的降低难以在短期内恢复；同时婚庆和宴请等大众消费仍保持稳定增长，消费升级趋势明显。随着部分白酒企业下调高档白酒产品的零售指导价格，越来越多的白酒产品加入中档白酒市场的竞争中，白酒行业的竞争趋于激烈。

1.2.3 白酒的生产工艺

中国古代西周时期，中国的酿酒业已经发展成为相当规模的手工产业，国家设有专门掌管酿酒的官职。中国酿酒技术的发展历史也经历了从浊酒到清酒，再发展到蒸馏酒的过程。

目前，白酒是以粮谷为主要原料，以大曲、小曲或麸曲及酒母等为糖化发酵剂，经蒸煮、糖化、发酵、蒸馏、陈酿、勾兑制作而成。原料和糖化发酵剂对白酒的风味品质有重要的影响。不同的原料产出的酒，风格差异很大，“高粱产酒香、玉米产酒甜、大米产酒净、糯米产酒绵、小麦产酒冲”。不同的糖化发酵剂，因含有的微生物不同，不仅影响白酒的风味，而且影响出酒率。

1. 白酒生产工艺的升级发展

随着社会的发展，白酒的生产工艺也在不断发展和创新，逐渐从纯手工操作到半机械化生产，再到机械化生产，最后向着数字化、智能化和智慧化生产的方向发展。白酒生产工艺的发展可以分为以下几个阶段。

第一阶段：1949 年之前，传统手工操作时期

白酒的生产模式主要是家庭作坊的形式，规模很小，没有工业化体系，几乎没有任何机械化设备的应用，劳动强度大，工作环境恶劣，生产效率低下。

第二阶段：1949～1970 年，机械化道路的探索时期

在第一个五年计划期间，国家科研计划提出白酒行业要贯彻“固液并举”的生产方针，固态法白酒要走机械化生产的道路。在机械化方面，开始将机械设备应用到白酒生产中，如用电磨代替手工石磨粉碎原辅料、用锅炉管道蒸汽代替直火蒸馏、用打糟机代替人工翻糟等。这些机械设备的应用，使白酒生产的部分环节初步实现了机械化，在一定程度上替代了手工操作。

第三阶段：1971～1980 年，机械化热潮

该阶段白酒行业结合自身实际情况，汲取当时机械制造行业的主要特点，不断改进白酒生产设备，完善其性能，掀起了机械化的热潮。例如，借鉴建筑挖掘机用挖斗实现了酒醅出池的机械化、用行车代替推车实现了酒醅的出入池输送、用不锈钢活动甑桶和分体式高效冷却器代替古老的木制酒桶和天锅，提高了蒸馏取酒过程的机械化水平。在制曲方面，大曲成型机的广泛应用，推动了大曲的大规模生产，在很大程度上减轻了工人的劳动强度。同时，1979 年，气相色谱-质谱（GC-MS）被应用于白酒挥发性化合物的分析。

第四阶段：1981～2002 年，机械化发展窘境时期

20 世纪 80 年代初期五粮液集团首先开发了计算机勾调技术。20 世纪 90

年代出现微机控制架式制曲技术。然而，白酒行业机械自动化的缺点不断暴露，发展陷入了停滞不前的窘境，很多机械设备被停止使用，即使有些经过适当改进而被保留下来，也只是局部环节实现了机械化操作，依旧无法连接成整体。

第五阶段：2003～2013 年，机械化黄金发展期

这一时期，酿造过程中斗提机、刮板输送机、皮带输送机、高压蒸粮锅、摊凉机、加曲机、恒温发酵间、发酵温度和 CO_2 自动检测系统、蒸馏智能蒸汽调节系统的运用逐渐实现了生产自动控制。

2010 年，中国酒业协会组织开展了“中国白酒 158 计划”。开展包括制曲机械化研究、发酵工艺机械化研究、蒸馏工艺机械化研究、调酒计算机集成制造技术研究和灌装、包装、成品库、智能管理的研究等，并在全国 60%规模以上白酒企业推广实施，力争降低劳动强度 60%以上、节煤 35%、节水 45%、提高优质品率 15%以上。该计划的提出与实施对中国白酒生产工艺的机械化起到了巨大的推动作用。2011 年，第一套 2000 吨/年大曲清香型白酒酿酒机械化设备系统在河套酒业顺利投产。2013 年，老白干“三排净”全机械化生产工艺也顺利投产。此时，制曲技术也实现了从原料粉碎到曲醅成型阶段的机械化自动控制。

在勾兑方面，色谱分析技术、计算机技术与传统手工工艺结合。茅台酒厂通过采用自动化大容器勾兑系统，首次将脉冲气动调和与片式过滤系统综合应用于白酒勾兑工艺中，实现了勾兑过程监控、数据储存及信息传递的突破；湖北白云边股份有限公司、湖北稻花香酒业股份有限公司、湖北劲牌（集团）有限公司通过过程控制中的对象链接与嵌入技术（OPC）、现场总线（field bus）技术和 JX-300X 集散控制系统（DCS）等的应用，在对不同勾兑环节的数据进行共享的同时，可设定勾兑过程的工艺参数，实现白酒生产过程和管理的自动控制。

在包装方面，2009 年，江苏洋河酒厂建立了白酒行业第一个现代化、自动化包装物流中心，实现了原辅材料供应、包装生产、物流配送一体化，全面满足了市场销售的需求。

第六阶段：2014 年至今，智能化萌芽时期

随着“中国白酒 158 计划”全面推进和实施，很多大型白酒企业都建立了机械化生产线，部分企业开始发展智能化生产工艺。2015 年，老白干“老五甑”机械化生产工艺开始投入生产，这是老白干第二套机械化生产工艺。2015 年 5 月，今世缘酒业研制出了中国白酒首套装甑机器人生产线，真正实现了装甑的智能化操作。随后，很多大型白酒企业都开展了装甑机器人的研发和试用，如泸州老窖。2015 年，易家祥等在摘酒工艺这一关键环节有重大突破，应用集散控制系统进行自动量质摘酒。2016 年，古井贡企业开始智能化制曲技术的研发，目前已取得了很大的进展。

现阶段我国名优白酒骨干企业基本在原辅料的贮存、加工过程实现了机械化、智能化操作，在包装工艺方面更是发展迅速，机械化、自动化程度不断提升，实现了白酒贮存、理化分析、酒库管理、勾调等集成制造技术。但是，技术的设计、开发和应用成本较高，需要大量资金的投入，导致许多技术在白酒行业中的应用，还仅局限于那些规模较大的企业，而在中小型企业中的应用不是很多。2018 年白酒固态法生产工艺的调查问卷结果如图 1.12 所示。

第11题　对白酒固态法生产工艺来说，您认为目前各个环节中的哪些实现了机械化？[多选题]

选项	小计	比例
制曲	90	52.94%
拌料	100	58.82%
上甑	38	22.35%
蒸粮或蒸料	46	27.06%
发酵	10	5.88%
摘酒	10	5.88%
灌装	149	87.65%
包装	123	72.35%
本题有效填写人次	170	

图 1.12　2018 年白酒固态法生产工艺的调查问卷结果

从图 1.12 可知，白酒的固态酿造工序中灌装和包装环节基本实现了机械化，制曲和拌料环节大部分实现了机械化，上甑和蒸粮或蒸料环节部分实现了机械化，而发酵和摘酒基本上还处于手工操作阶段。在国家全面实施“三品”战略的背景下，针对传统手工操作劳动强度大、过程不可控以及用工难等问题，白酒产业亟需通过信息技术和智能化技术改造提升传统装备，结合实验和检测先进技术的推广应用，提高整个行业的机械化、数字化和智能化水平。

2. 白酒生产工艺的现状

目前白酒发酵方法主要有固态发酵法、半固态发酵法、液态发酵法三种生产工艺。各工艺的基本情况如下。

1）固态发酵法。固态发酵法白酒（简称固态法白酒）是我国大多数名优白酒的传统生产方式，常常作为中国白酒的代表。这种白酒是指其生产过程中的糖化、发酵及蒸馏工序都通过固态形式进行传统工艺发酵而酿制的白酒，即固态配料、发酵和蒸馏的白酒。固态法白酒所用到的原材料主要为高粱，与此同时也需要搭配不同比例的谷壳和麦麸，其酒醅含水分 60%左右，大曲白酒、麸曲白酒和部分小曲白酒均采用此法生产。不同的酿造原料、不同的发酵和操作条件，产生不同香味成分，因而固态法白酒的种类最多，产品风格各异。

2）半固态发酵法。半固态（固液结合）发酵法白酒是小曲酒的传统生产方式之一，包括先培菌糖化后发酵工艺和边糖化边发酵工艺两种。这两种方法都以大米为主要原料，在生产过程中，糖化过程为前期的固态过程，后期是半液态发酵过程。米香型白酒大多采用此工艺生产，其产品米香纯正、入口绵甜。

3）液态发酵法。液态发酵法白酒即全液态法白酒，采用与酒精生产相似的方式，即液态配料、液态糖化发酵和蒸馏，具有机械化程度高、劳动生产效率高、淀粉出酒率高、原料适应性强、改善劳动环境、辅料用量少等特点。但是全液态法白酒的口味一般都欠佳，必须与传统固态法白酒工艺有机结合起来，才能形成白酒应有的风味质量。目前，对液态发酵的研究主要集中在糖化过程中各种原料的比例和整体工艺的集成方面。

虽然目前白酒的生产有以上三种工艺，但还是以固态法为主，固态法白酒在市场上占据主导地位，其工艺大致流程如图 1.13 所示，部分工序现场如图 1.14 所示。

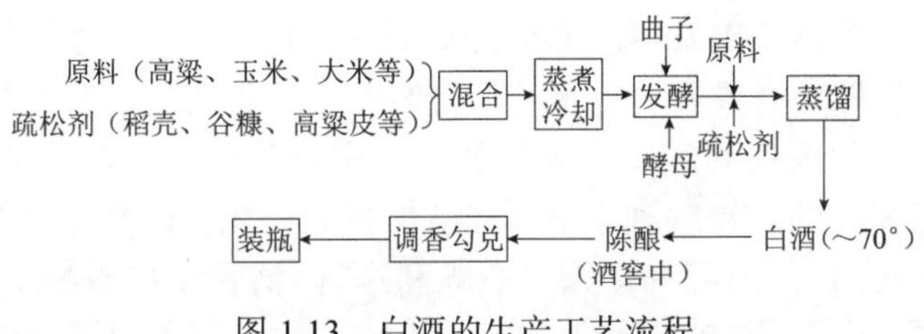

图 1.13　白酒的生产工艺流程

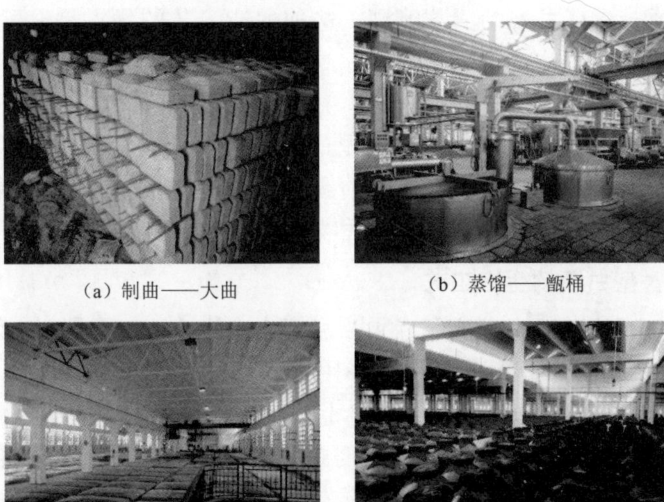

（a）制曲——大曲　（b）蒸馏——甑桶

（c）发酵——窖池　（d）存储——陶缸

图 1.14　白酒生产的部分工序现场

资料来源：酒是喜欢你，2017

与国外其他蒸馏酒相比，中国固态法白酒的主要工艺特点是“固态、多微和双边发酵”，即发酵过程中的固形物含量高、多种微生物共同参与、淀粉转化为糖及糖转化为酒精两个过程同时进行。国外的蒸馏酒基本上属于纯种微生物的液态发酵。

中国白酒企业分布广泛，不同地域、不同香型的名优白酒企业采用的固态法生产工艺也会有所区别，如清香型白酒一般采用“清蒸清烧”或“清蒸清楂”工艺，浓香型白酒则一般采用“混蒸混烧”或“混蒸混楂”工艺。现将几种基本香型白酒的生产工艺特点介绍如下。

（1）清香型白酒的生产工艺

清香型白酒的酿造是以高粱等谷物为原料，以酒曲（中、低温大曲，小曲，麸曲）为糖化发酵剂，采用“清蒸清楂”为主要特点的固态法酿造工艺生产。所谓“清蒸清楂”，即先将原料和辅料各自分开蒸熟，然后按比例混合后，加入酒曲进行第一次发酵，发酵的酒醅蒸酒后，不再配入新料，直接再加入酒曲，再次发酵，最后将第二次发酵的酒醅蒸酒后，直接丢弃。上述过程中用到的辅料包括稻壳、谷糠、高粱壳、玉米芯、鲜酒糟、花生皮等，其作用有调节酒醅的淀粉浓度、冲淡或提高酸度、吸收酒精、保持黄浆水（发酵过程产生的），并可使酒醅有一定的疏松度和含氧量，增加界面作用，让粮食中的淀粉在蒸粮过程中易于糖化，也使发酵和蒸馏出酒顺利进行。清香型白酒酿造工艺强调“清蒸排杂、清洁卫生”，即都在一个“清”字上下功夫，“一清到底”——原料清蒸、辅料清蒸、清楂发酵、清蒸馏酒。这种酿造工艺的优点是发酵周期短，生产成本低；原料出酒率高，节约粮食；采用地缸、低温发酵；生产环境卫生，酒中的成分相对简单。

清香型白酒生产覆盖面广，是流派最多的香型。根据酒曲的不同，清香型白酒可以分为大曲清香型白酒、小曲清香型白酒和麸曲清香型白酒。中国南方以小曲清香为主，北方则以大曲清香和麸曲清香为主。

（2）浓香型白酒的生产工艺

浓香型白酒的酿造是以高粱、大米、糯米、小麦和玉米等为原料，以酒曲（中温大曲、麸曲）为糖化发酵剂，采用“混蒸续楂”为主要特点的固态法酿造工艺生产。所谓“混蒸续楂”，即将上一次发酵成熟的酒醅与粉碎的新料按比例混合后，在甑桶内蒸粮和蒸酒同时进行，这一操作也称为“混蒸混烧”。出甑后，经冷却、加曲，再入窖池继续发酵，如此反复进行。大部分浓香型白酒采用这种方法生产。这种酿造工艺的特点是可以把各种粮谷原料所含的香味物质，如酯类、酚类或香兰素等，在混蒸过程中带入酒中，对酒起到增香的作用，这种香气称为“粮香”，如高粱香；在混蒸时，酒醅中含有的酸和水，加速了原料中淀粉的糊化，利于发酵；蒸酒时混入的新料，可减少填充料（稻壳、高粱壳等辅料）的用量，有利于提高酒质；每次投入的原料能经过 3 次以上的发酵，才成为丢糟，原料利用率高。南方酒厂把酒醅及酒糟统称为糟。因为酒醅会经多次配料，多次进行循环发酵，好像永远都用不完，所以人们常把这种糟称为“万年糟”。酒醅发酵时间越长，积累的发酵产香前体物质越多，对增进酒质浓香具有重要作用。“千年老窖万年糟”这句话，充分说明浓香型白酒的质量与窖池和酒糟有着密切关系。

浓香型白酒是中国珍贵的历史文化遗产，在世界酒林中独树一帜，是目前产销量最大的一种白酒，中国白酒中 70%以上是浓香型白酒。

（3）酱香型白酒的生产工艺

大曲酱香型白酒的典型代表是贵州茅台酒和四川郎酒。其酿造工艺具有自己的特色，是以高粱为酿酒原料，小麦制取的高温大曲为糖化发酵剂，采取 2 次投料、8 轮次发酵和 7 次取酒，再按照酱香、醇甜及窖底香 3 种典型的酒体和不同轮次的酒分开长期贮存后，勾兑而成。“2 次投料”指的是原料高粱投 2 次，先投一半左右，经过蒸馏、下曲（加大曲）、发酵后，然后将剩下的一半加入第 1 次发酵后的酒醅中，再经过蒸馏、下曲后继续进行发酵的过程。“8 轮次发酵”是指从第 1 次投料开始，物料要经过 8 次的反复发酵和馏酒后再丢糟的过程。除了第 1 轮次和第 2 轮次添加原料外，从第 3 轮次开始只加大曲，不加原料进行发酵。“7 次取酒”指的是除了第 1 轮次发酵后蒸馏的酒不保留，又加到酒醅中继续发酵外，摘取后面 7 轮次发酵后蒸馏出的酒，并按照香味特征和轮次分别贮存。

大曲酱香型白酒的工艺特点可总结为“四高两长，一大一多”。“四高”的含义如下：①高温大曲为糖化发酵剂，其制备温度高达 60℃以上；②高温堆积，即入窖池发酵之前，先把酒醅放在空气中堆积发酵，当堆积温度达到 45～50℃后入窖池继续发酵；③高温发酵，即酒醅在窖池中的发酵温度可达到 42～45℃；④高温馏酒，即发酵后的酒醅在蒸馏时的出酒温度比其他香型白酒馏酒温度高。“两长”中的一长指的是生产周期长，从投料开始到产酒结束，一批酒的生产周期是一年；另一长是贮存时间长，一般都在三年以上。长时间贮存是保证酱香型白酒风味质量稳定的重要措施。“一大”指的是酱香型白酒酿造过程中用曲量大，是所有香型白酒中用曲量最大的，与投料原料比为 1：（0.85～0.95）。“一多”指的是酒醅要经过多轮次的发酵和馏酒，一般要经过 8 次发酵和 7 次取酒。

固态酿造工艺是中国白酒的特色，但也是短板。作为中国的传统产业，大部分白酒企业的生产工艺技术装备水平相对落后，多数工序环节仍采用传统的手工或半机械化生产方式，行业整体机械化水平较低。

1.2.4　近年来白酒行业取得的成就

1. 经济指标

酿酒行业一直以来是利税大的产业，而白酒在酿酒行业中尤为突出，近年来取得了巨大成就。2013～2015 年酿酒行业三年分别完成利税总额 1920.50 亿元、1806.99 亿元和 1871.22 亿元，而白酒行业三年分别完成利税总额 1360.01 亿元、1224.54 亿元和 1279.71 亿元。2017 年，食品工业的主营业务收入 105204.6 亿元，占全国工业的 9.0%，而酿酒行业主营业务收入 9239.57 亿元，在食品工业中占比 8.78%，其中白酒行业的主营业务收入 5654.42 亿元，在食品工业中占比 5.37%。2010 年以来，我国白酒行业相关情况如图 1.15～图 1.17 所示。

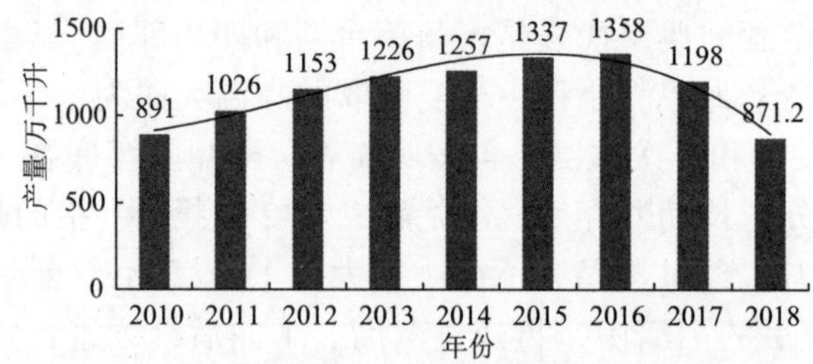

图 1.15　2010～2018 年中国白酒行业产量及变化趋势

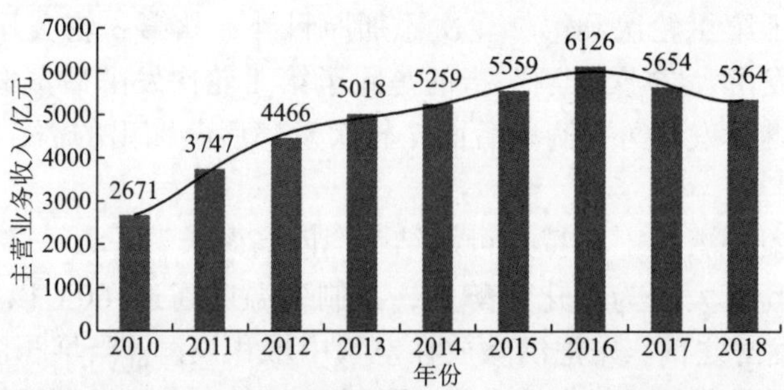

图 1.16　2010～2018 年中国白酒行业规模以上企业主营业务收入及变化趋势

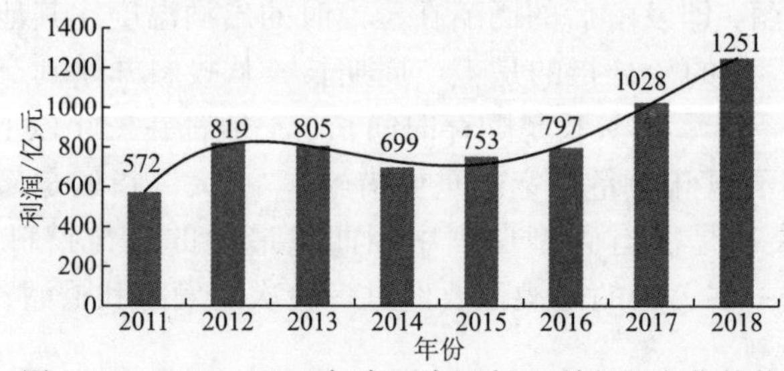

图 1.17　2011～2018 年中国白酒行业利润及变化趋势

由图 1.15 和图 1.16 可知，2010～2016 年我国白酒行业的产量和主营业务收入一直保持着增长趋势，于 2016 年分别达到最大值，即产量 1358 万千升和主营业务收入 6126 亿元，但 2017 年开始白酒行业产量和主营业务收入有所下降，出现负增长。2018 年，白酒产量为 871.2 万千升，与 2017 年相比下降 27.28%；主营业务收入为 5364 亿元，同比降低 5.13%。然而，从图 1.17 可知，虽然 2017 年开始白酒产量和主营业务收入都下降了，但利润却大大增加了，2018 年利润达到 1251 亿元，同比增长 21.69%。

上述状况产生的原因可能有以下几个方面：一方面，白酒质量安全事故、政府严加惩治政治贪腐以及交通运输部、中央军委等颁发的多项禁酒令的共同影响，减缓了白酒行业产量和主营业务收入的增长趋势；另一方面，部分行业领头企业提出“限量”和“提价”的策略，着重发展中高端白酒，消费结构升级，使得白酒行业的利润增加了。

结合中国白酒行业细分产品的结构，2017 年中国高端白酒销量占比 10.88%，中高端白酒占比 6.93%，中端白酒占比 29.01%，较 2016 年均有提升，具体如图 1.18 所示。中国白酒的消费结构已经有所升级，中端以上的白酒需求量大幅提高。其原因有以下几个方面：一方面，受中国经济发展、国民收入增加的影响；另一方面，消费观念的改变，健康白酒成为热点，消费者不再以价格为导向，而是以产品为导向。

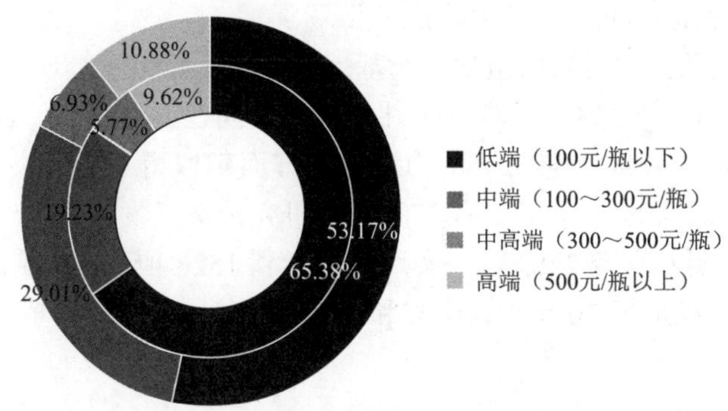

图 1.18　2016 年和 2017 年中国白酒行业细分产品结构对比

2. 科技成果

如上所述，中国的白酒主要采用固态法生产，固态法白酒的主要工艺特点是“固态、多微和双边发酵”。这种特殊的工艺，使得中国白酒酿造过程复杂，产品风味独特。为了揭示中国白酒风味化学本质及风味成分的酿造机理，从 1955 年的“烟台试点”和 1964～1966 年的“茅台试点”，到 2007 年由中国酒业协会牵头的“中国白酒 169 计划”，以及 2013 年“中国白酒 3C 计划”，逐渐开始采用各种先进设备对制曲和发酵过程中的酿造微生物和白酒中的风味成分等各方面展开研究。

我国在 20 世纪 30 年代初才有用于白酒发酵的高糖化力菌株分离培养的研

究报道，黄海化学工业研究社是我国最早开展酒曲微生物研究与应用的科研单位，为我国培养了一批微生物研究人才并取得了重大的科研成果。例如，方心芳先生，他是我国工业微生物学的开拓者，为我国酿酒工业做出了重大贡献。1966 年，气相色谱（GC）开始应用于白酒中的挥发性成分分析。1979 年，气相色谱-质谱应用于白酒挥发性化合物的分析。1998 年，唐玉明等从优质曲药中系统和诱变选育出 4 株各具特色的优良功能菌株，即糖化功能菌种 LZ-24 和 A2-3、发酵功能菌种 S2.10 和生香功能菌种 R-3。2005 年以来，顶空固相微萃取（HS-SPME）和气相色谱-嗅闻联用仪（GC-O）被用于白酒中的香气活性化合物分析；搅拌棒吸附萃取、热解吸、全二维气相-质谱联用仪等逐渐被用于白酒中的挥发性化合物分析。2010 年，沈海月等从酱香型白酒酒醅中筛选出一株高效降解糠醛的微生物，经过氯化苄抽提基因组方法后，再进行测序与序列比对，菌株鉴定结果为宛氏拟青霉。2017 年，庄孝杰等从酱香酒醅中筛选得到 1 株性状优良的拜耳接合酵母（*Z. bailii* 15），该菌酒精产量可达到 33.58 g/L，并且与模式菌株相比，可多产十二醇、月桂酸、辛酸乙酯、苯乙酮、4-叔丁基苯酚等多种物质。2018 年，聂元皓等研究了芳香族化合物前体物质酪氨酸和苯丙氨酸在白酒中的来源，发现枯草芽孢杆菌（*Bacillus subtilis* JQ11）是将谷物蛋白水解为氨基酸的主导微生物之一。

目前风味组学技术与蛋白组学、宏基因组学和代谢组学等现代生物技术手段已应用于白酒产业共性的、关键性的科学与技术问题的研究中，在白酒出酒率、风味成分和异味成分以及定向微生物调控等方面都取得了巨大突破，如白酒的出酒率已达 30%～40%。迄今，有关白酒的研究论文已发表中文 8619 篇、英文 634 篇，授权发明专利有 2463 项，实用新型专利 1528 项，具体情况如图 1.19 和图 1.20 所示。可见最近 20 年来，论文和专利急剧增多，白酒已成为研究的热点。

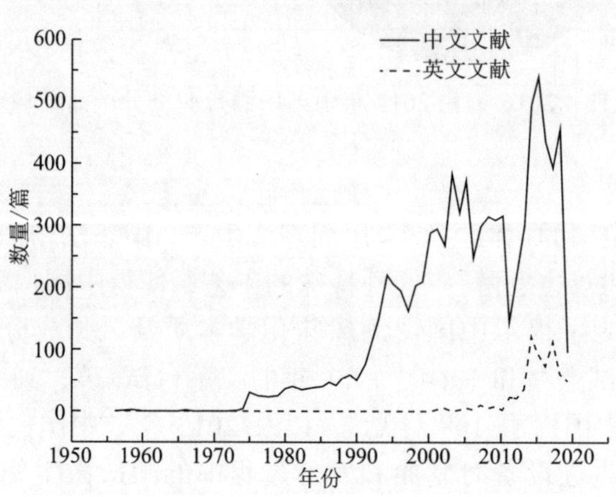

图 1.19　与白酒相关的研究论文发表情况

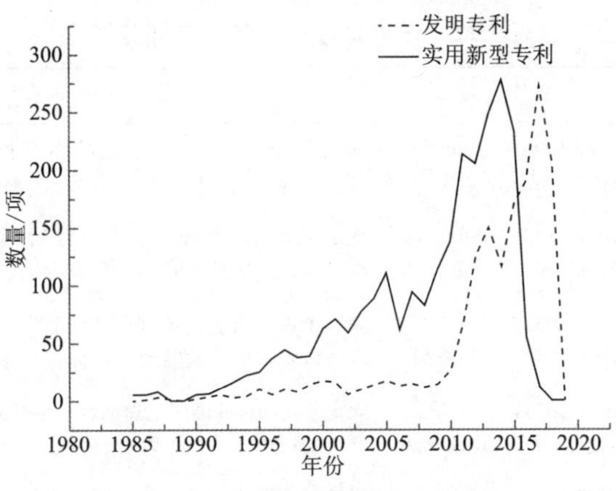

图 1.20　与白酒相关的专利授权情况

自从白酒行业第一个标准 GB 8951—1988《白酒厂卫生规范》于 1988 年颁布以后，白酒行业的标准也在不断更新完善，包括产品标准、卫生标准、基础标准、试验方法标准相关规范、原辅材料标准、地理标志产品标准六类，以及各种企业标准，见表 1.11 和表 1.12。

表 1.11　十种具有国家标准的白酒

序号	时间	标准名称	主要内容
1	2006 年	GB/T 10781.1—2006 浓香型白酒	规定了浓香型白酒的术语和定义、产品分类、要求、分析方法、检验规则和标志、包装、运输、贮存
2	2006 年	GB/T 10781.2—2006 清香型白酒	规定了清香型白酒的术语和定义、产品分类、要求、分析方法、检验规则和标志、包装、运输、贮存
3	2006 年	GB/T 10781.3—2006 米香型白酒	规定了米香型白酒的术语和定义、产品分类、要求、分析方法、检验规则和标志、包装、运输、贮存
4	2007 年	GB/T 20825—2007 老白干香型白酒	规定了老白干香型白酒的术语和定义、产品分类、要求、分析方法、检验规则和标志、包装、运输、贮存
5	2007 年	GB/T 20824—2007 芝麻香型白酒	规定了芝麻香型白酒的术语和定义、产品分类、要求、分析方法、检验规则和标志、包装、运输、贮存
6	2007 年	GB/T 14867—2007 凤香型白酒	规定了凤香型白酒的术语和定义、产品分类、要求、分析方法、检验规则和标志、包装、运输、贮存
7	2009 年	GB/T 23547—2009 浓酱兼香型白酒	规定了浓酱兼香型白酒的术语和定义、产品分类、要求、分析方法、检验规则和标志、包装、运输、贮存
8	2011 年	GB/T 26760—2011 酱香型白酒	规定了酱香型白酒的术语和定义、产品分类、技术要求、试验方法、检验规则、标志、包装、运输和贮存
9	2017 年	GB/T 20823—2017 特香型白酒	规定了特香型白酒的术语和定义、产品分类、要求、分析方法、检验规则和标志、包装、运输、贮存
10	2018 年	GB/T 16289—2018 豉香型白酒	规定了豉香型白酒的术语和定义、产品分类、要求、分析方法、检验规则和标志、包装、运输、贮存

表 1.12 白酒地理标志产品（部分）

序号	时间	标准名称	主要内容
1	2005 年	GB/T 19961—2005 地理标志产品 剑南春酒	规定了剑南春酒的地理标志产品保护范围、术语和定义、要求、试验方法、检验规则和标志、标签、包装、运输、贮存
2	2007 年	GB/T 18356—2007 地理标志产品 贵州茅台酒	规定了贵州茅台酒的地理标志产品保护范围、术语和定义、要求、试验方法、检验规则及标志、包装、运输、贮存
3	2007 年	GB/T 19327—2007 地理标志产品 古井贡酒	规定了古井贡酒的地理标志产品保护范围、术语和定义、要求、试验方法、检验规则和标志、标签、包装、运输、贮存
4	2007 年	GB/T 19331—2007 地理标志产品 互助青稞酒	规定了互助青稞酒的地理标志产品保护范围、术语和定义、要求、试验方法、检验规则及标志、标签、包装、运输、贮存
5	2007 年	GB/T 19508—2007 地理标志产品 西凤酒	规定了西凤酒的地理标志产品保护范围、术语和定义、要求、试验方法、检验规则和标志、标签、包装、运输、贮存
6	2007 年	GB/T 21263—2007 地理标志产品 牛栏山二锅头酒	规定了地理标志产品牛栏山二锅头酒的术语和定义、地理标志产品保护范围、要求、试验方法、检验规则、标志、标签、包装、运输、贮存
7	2008 年	GB/T 22041—2008 地理标志产品 国窖 1573 白酒	规定了国窖 1573 白酒的术语和定义、地理标准产品保护范围、要求、试验方法、检验规则及标签、标志、包装、运输、贮存
8	2008 年	GB/T 21820—2008 地理标志产品 舍得白酒	规定了舍得白酒的术语和定义、地理标志产品保护范围、产品分类、要求、试验方法、检验规则和标志、包装、运输、贮存
9	2008 年	GB/T 22045—2008 地理标志产品 泸州老窖特曲酒	规定了泸州老窖特曲酒地理标志产品保护范围、术语和定义、要求、试验方法、检验规则与标志、包装、运输、贮存
10	2008 年	GB/T 22046—2008 地理标志产品 洋河大曲酒	规定了洋河大曲酒地理标志产品保护范围、术语和定义、要求、试验方法、检验规则及标志、标签、包装、运输与贮存
11	2008 年	GB/T 22211—2008 地理标志产品 五粮液酒	规定了五粮液酒的术语和定义、地理标志产品保护范围、要求、试验方法、检验规则和标志、标签、包装、运输、贮存
12	2009 年	GB/T 22736—2008 地理标志产品 酒鬼酒	规定了酒鬼酒的术语和定义、地理标志产品保护范围、要求、试验方法、检验规则、标志、包装、运输与贮存

同时，一些重要的科技成果获得了省部级和国家级科技奖励。例如，2014年，江南大学徐岩教授主持的“基于风味导向的固态发酵白酒生产新技术及应用”项目获国家科学技术发明奖二等奖；2017 年，湖北工业大学陈茂彬教授主持的“传统固态法白酒自动化酿造关键技术及产业化”获湖北省科技进步奖一等奖；2017 年，河北衡水老白干酒业股份有限公司张煜行主持的“酿酒辅料稻壳收储、预处理关键技术研究与应用”技术获河北省科学技术进步奖二等奖。

1.2.5 白酒行业进出口情况

根据海关总署统计，从进出口数量来看，2017 年白酒行业出口量 1.657 万千升，进口量 0.242 万千升。2009 年以来的进出口数据如表 1.13、图 1.21 和图 1.22 所示。

表 1.13　2009～2017 年中国白酒行业进出口数量情况（单位：万千升）

年份	白酒产量	白酒出口量	白酒进口量
2009	706.94	0.403	0.037
2010	890.83	0.562	0.139
2011	1025.55	0.840	0.154
2012	1153.16	1.238	0.223
2013	1226.20	1.397	0.197
2014	1257.13	1.321	0.139
2015	1312.80	1.574	0.116
2016	1358.40	1.607	0.189
2017	1198.10	1.657	0.242

资料来源：北京宇博智业市场咨询有限公司，2019。

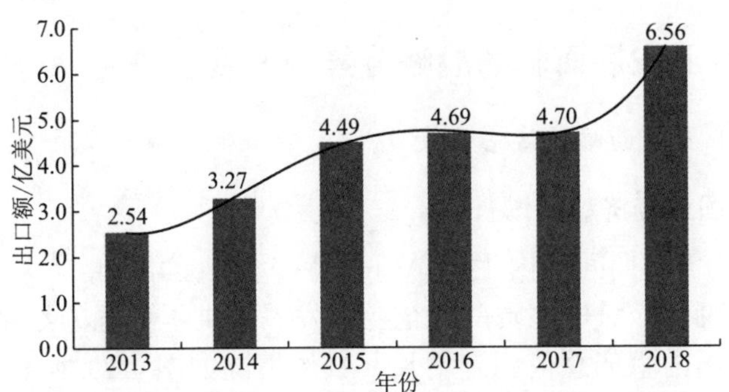

图 1.21　2013～2018 年中国白酒行业出口额情况

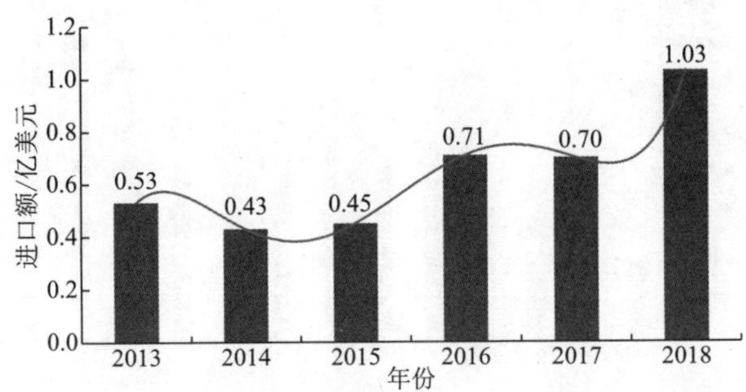

图 1.22　2013～2018 年中国白酒行业进口额情况

由表 1.11、图 1.21 和图 1.22 可知，整体上白酒的进出口数量和金额都不断增长，但白酒出口数量和出口额远大于白酒进口数量和进口额，未来我国白酒行业的海外市场发展潜力巨大。从进出口额来看，2018 年出口额为 6.56 亿美元（43.43 亿元），进口额为 1.03 亿美元（6.82 亿元）。目前中国白酒产量占全球烈性酒产量的比例近 40%，但国际市场的份额却很低。2015～2017 年，中国白酒三年的出口量占当年白酒产量的比例分别为 0.12%、0.12%和 0.14%，出口额分别约占当年白酒总销售额的 0.50%、0.51%和 0.56%，占当年中国食品（包括饮料）出口总额的 1.02%、0.74%和 0.71%。相比之下，2017 年苏格兰威士忌出口总额已达 59.0 亿美元，出口量占英国食品（包括饮料）出口量的 20%，同比上升 8.9%。由此可见，中国白酒与世界四大蒸馏酒的地位和中国的国际地位极不相称，中国白酒亟待提高国际认可度，扩大国际市场。

总体来看，随着我国白酒品质的不断提高以及品牌营销力度的不断加强，全球对“中国白酒”这一民族品牌的认可度越来越高，茅台酒、二锅头酒和豉香型白酒都有了传统固定的消费群体，五粮液、泸州老窖和古井贡等名优白酒企业正在发力布局，我国白酒在国际市场中占据的份额也逐渐扩大。但目前世界蒸馏酒产业的产值是 2.47 万亿美金，中国白酒仅占 4%左右（2017 年），出口的白酒也基本上被华侨和中国人所消费，白酒的国际化市场仍然是任重道远。

1.2.6　白酒行业发展面临的战略背景和发展趋势

1. 白酒行业发展面临的战略背景

（1）我国国民经济稳定增长

我国“十二五”期间国内生产总值保持持续稳定增长，人均消费水平持续提高，为白酒行业，特别是优质白酒企业的发展提供了良好的经济环境。2005～2017 年，我国国内生产总值稳定增长，具体情况如图 1.23 所示。

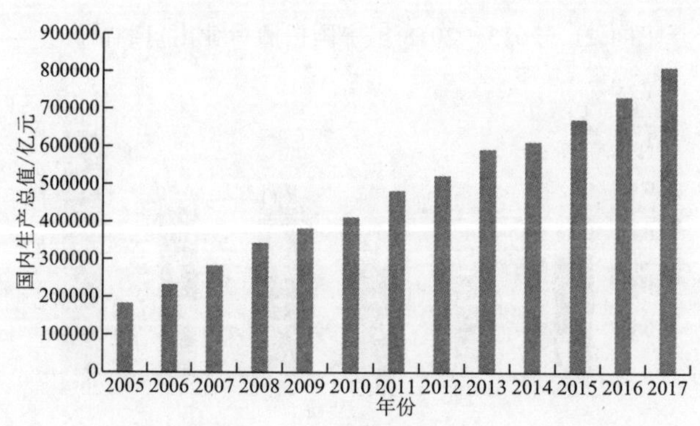

图 1.23　2005～2017 年我国国内生产总值

2017 年全年国内生产总值 827122 亿元，按可比价格计算，比上年增长 6.9%。“十三五”期间我国要实现“经济保持中高速增长”，即在提高发展平衡性、包容性、可持续性的基础上，到 2020 年国内生产总值和城乡居民人均收入比 2010 年翻一番，主要经济指标平衡协调，发展空间格局得到优化，投资效率和企业效率明显上升，工业化和信息化融合发展水平进一步提高，产业迈向中高档水平，先进制造业加快发展，新产业、新业态不断成长，消费对经济增长贡献明显加大，户籍人口城镇化率加快提高，农业现代化取得明显进展。

（2）乡村振兴战略实施，酿酒原料——粮食产量稳定增长

酿造白酒所需的粮食种类主要为高粱、大米、小麦、大麦、豌豆等。近年来，我国政府通过稳定粮食种植面积、加大投入、提高农业生产的科技含量等措施，保证了我国粮食的基本供应，粮食产量稳定增长。粮食的稳定供应为白酒行业的发展提供了充足的原材料保障。2010～2017 年我国粮食产量如图 1.24 所示。

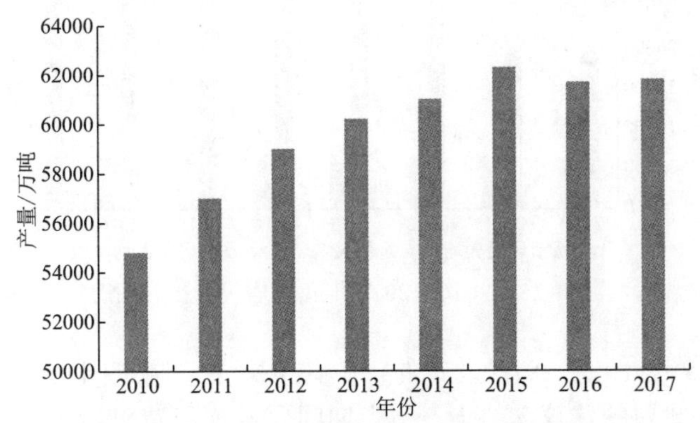

图 1.24　2010～2017 年我国粮食产量变化情况

在粮食供应价格方面，虽然最近几年粮食价格存在一定波动，但因粮食为关系国计民生的基础性物资，政府对粮食价格进行严格的调控；我国政府近几年对农业加大投入，并对农产品种植进行补贴。因此，未来粮食价格产生明显波动的风险较小。同时，由于粮食成本占成品酒成本的比重较低，粮食价格波动对白酒企业的生产成本不会造成重大不利影响。

习近平同志于 2017 年 10 月 18 日在党的十九大报告中提出“乡村振兴战略”。十九大报告指出，农业农村农民问题是关系国计民生的根本性问题，必须始终把解决好“三农”问题作为全党工作的重中之重，实施乡村振兴战略。2018 年 1 月 2 日，国务院公布了 2018 年中央一号文件，即《中共中央 国务院关于实施乡村振兴战略的意见》。2018 年 3 月 5 日，国务院总理李克强在《政府工作报告》中讲到，大力实施乡村振兴战略。2018 年 5 月 31 日，中共中央政治局召开会议，审议《乡村振兴战略规划（2018—2022 年）》。2018 年 9 月，中共中央、国务院印发了《乡村振兴战略规划（2018—2022 年）》，并发出通知，要求各地区各部门结合实际认真贯彻落实。

可以预见不久的将来，我国农村会快速发展，粮食产量也会大幅度提升，这将为白酒的生产提供更加稳定的原料来源。

（3）城乡居民收入继续增加，消费能力增强

2010～2017 年，随着我国经济高速发展，我国城镇居民人均可支配收入和农村居民人均纯收入持续增加（图 1.25），从实际购买力角度看，居民支付能力具备消费升级的基础和支撑。

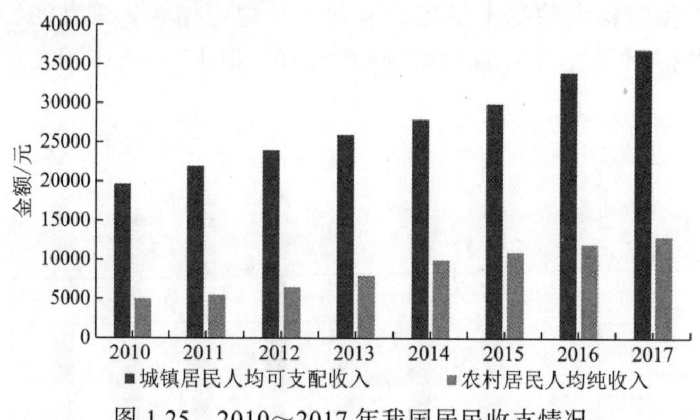

图 1.25　2010～2017 年我国居民收支情况

根据 2015 年 10 月 29 日发布的《中共中央关于制定国民经济和社会发展第十三个五年规划的建议》，“十三五”期间要发挥消费对增长的基础作用，着力扩大居民消费，引导消费朝着智能、绿色、健康、安全方向转变，以扩大服务消费为重点，带动消费结构升级。白酒作为快速消费品，与人们的社会生活密切相关，在商务、交友、聚会和居家饮食等日常活动中扮演着举足轻重的角色，在庆典、婚礼、社交等社会活动中较为重要。它在满足人民群众生活需求、提高大众生活质量方面发挥了积极的作用。经济的快速发展带来人均收入的提高，使得消费者的购买能力得到进一步的增强，这有助于提升白酒的总体消费，为白酒行业的发展奠定较为坚实的基础。

（4）“一带一路”倡议全面实施，食品工业国际化发展加快

2013 年至今，国家“一带一路”的稳步推进以及“一带一路”国际合作高峰论坛的召开，为国内实力雄厚、竞争力强的大型食品工业企业利用“两种资源、两个市场”实施跨越式发展提供了难得的机遇。与沿线食品工业强国合作关系深化，有助于提升我国食品工业的技术装备水平。与沿线食品工业发展相对落后地区合作关系深化，有助于培育国际市场，促进我国食品工业出口增长。与沿线各国投资协定谈判及自由贸易协定谈判全面开展，为我国食品工业开展境外投资和产能合作提供了有利条件。

（5）新技术不断涌现，食品工业发展空间增大

2014 年至今，《中国制造 2025》全面推进，智能制造、绿色制造等重点领域的政策支持力度持续加大，智能装备、自动化技术与食品工业进一步结合，食品工业智能化、绿色化发展加快。物联网、大数据、云计算等技术在食品安全领域运用更加广泛，质量安全管控保障更加有力。发酵工程、酶工程等技术与食品工业融合，新型保健食品、新资源食品等产品的研发加快。食品制造领域信息技术、生物技术等新技术的不断应用，有利地丰富了食品工业的发展空间。

（6）品牌时代来临，产业融合发展加快

2016 年 5 月，国务院正式发布《关于开展消费品工业“三品”专项行动营造良好市场环境的若干意见》，部署开展消费品工业增品种、提品质、创品牌“三品”专项行动以来，消费品工业“三品”战略全面开始推进，食品工业品牌化发展的政策环境不断优化，企业品牌化发展意识普遍增强。各类新媒体不断涌现和快速发展，品牌宣传与推广路径更加多元。城乡居民收入水平持续提高，食品消费升级加快，品牌消费进一步凸显，传统的名、特、优、稀、珍食品的开发和品牌打造成为企业竞争的重点。新一代互联网技术在食品工业领域的应用更加广泛，在线交易、电子支付快速发展，传统的线下销售模式向线上线下相结合的转变提速，食品电子商务规模持续壮大。食品工业与旅游业、创业设计产业的融合不断深化，定制消费蓬勃发展，食品工业的发展内涵进一步拓展。

2. 影响白酒行业发展的有利因素和不利因素

（1）有利因素

1）健康消费时代来临，消费结构升级。

2016 年 8 月，中共中央政治局召开会议，审议通过《“健康中国 2030”规划纲要》，健康消费时代来临。人们的消费观念逐步改变，理性饮酒、健康饮酒的消费理念逐渐深入人心，少喝酒、喝好酒逐渐成为共识，同时居民收入在增加，消费水平在提升，所以消费结构在不断升级。在白酒消费的选择上，消费者的品牌意识逐步增强。企业影响力广、品牌知名度高、产品质量可靠和信誉优良的白酒产品得到了消费者的认可。消费结构的升级，有利于白酒行业快速完成产业结构调整，走出同质化竞争的局面。

2）白酒的上游行业为白酒的发展提供了有利保证。

白酒行业的上游行业主要是包装材料行业、粮食种植业、白酒生产设备供应行业等。白酒产品配套的包装材料主要包括酒瓶、纸箱、纸盒、瓶盖、酒标等，包装的独特风格和文化内涵，对酒的销售起着一定的促进作用。随着白酒行业消费偏好的发展和演变，现代化、简约化、低碳环保和个性化是未来白酒包装发展的主要方向。白酒生产企业一般通过竞标、比价等方式选择包装材料供应商。包装印刷业处于完全竞争状态，供应商充足，白酒生产企业可供选择的包装材料供应商范围较广。

3）部分产业政策有利于优质白酒企业的发展。

为使白酒行业规范发展，政府出台了一系列的政策、法律和法规，从生产环节和市场流通环节，确保了生产准入和流通规范运行体系的建立及执行。这使得政府能够实现依法整顿和净化酒类市场，依法促进酒类产品以更优异的质量满足消费者需求，同时依法打击粗制滥造、存在质量隐患的劣质白酒产品，抑制不规范的小型白酒企业的生存空间。这是优质白酒生产企业发展较为有利的因素，未来优质白酒企业可通过不断调整战略，把握政策、法律、法规和行业发展带来的机会，实现进一步发展壮大。

4）白酒历史悠久，群众基础广泛，国际地位不断提升。

白酒作为我国特有的酒种，是我国传统的饮品之一，在中国具有悠久的历史地位和独特的文化底蕴，拥有广泛的消费群体和深厚的社会基础。经过历史的沉淀，我国已经形成了独特的白酒饮用文化和习惯。同时，随着我国经济的快速发展、国际地位的不断提升，中国文化正在被越来越多的国家和人们所认同与推崇。而中国白酒作为传统的民族产业，其蒸馏技术和酿造方法在世界蒸馏酒中具备了独特的地位，它的酿造技艺是我国独有的且流传了上千年的文化遗产。在全球化不断推进和我国国际影响力不断加大的背景下，作为我国特产之一的白酒，将会被越来越多的人民了解和接受。

5）科学技术进步促进白酒行业发展。

目前，白酒行业的生产在沿用传统酿造工艺的基础上，逐步融合了现代科学技术研究成果，尤其是在检测和包装等工艺环节上，较多地运用了现代化的机械仪器设备。采用微生态学、分子酶学、分子生物学等现代生物技术手段，围绕白酒产业共性的、关键的科学与技术问题，进行创新性研究，建立了风味化合物定向的微生物和酶技术的平台。在白酒年份酒、白酒中微量成分、白酒中风味化合物、白酒中异味化合物及白酒风味定向功能微生物方面的研究都取得了巨大突破，人们对酿酒原理的认识将更加深刻。同时，部分生产环节目前已通过先进的技术和机械化水平统一工艺标准，改善了工作环境，降低了劳动生产强度，保证酒质的稳定性，提高成品酒的生产效率，从而有利于白酒产品的推广和产量的提升。

在研究的组织上，不同科研院所和企业进行产学研合作，将会有力促进白酒行业的发展。有关白酒研究的科研院校主要有江南大学、北京工商大学、中国食品发酵与工业研究院等。2007 年，由中国酒业协会牵头组织，相关院校、研究单位和企业共同开展了基础研究课题“中国白酒 169 计划”；陕西西凤酒股份有限公司和江南大学共同承担该计划“凤香型西凤酒特征风味物质研究”项目，该项目的成果于 2014 年通过了专家鉴定，鉴定委员会专家组认为该项目技术成果达到了国际先进水平，该项目在西凤酒生产、新产品开发、工艺创新等方面具有较高的应用价值。

（2）不利因素

白酒行业一直承受着较大的社会压力，如影响身体健康、增加交通事故、消耗粮食等，这些不完全客观的认识影响到白酒消费；国家有关“禁酒令”、限制广播电视酒类广告发布及从严征收白酒消费税等政策，以及政府严控“三公消费”，提倡廉政、从简和节俭的作风，中央“八项规定”和厉行节俭反对浪费要求的出台，都对白酒行业发展产生一定影响。一些高档餐饮企业的经营状况欠佳，高档白酒的销量出现了下降，白酒行业可能面临终端消费需求下降的压力，白酒企业的经营和发展遇到一些困难。2017 年，白酒行业规模以上企业有 1593 家，资产总额增长 13.21%，亏损企业 128 家，亏损面 8.04%，亏损额 7.86 亿元，同比下降 24.3%。

1）国家宏观产业政策限制。

根据国家发改委《产业结构调整指导目录（2011 年本）（国家发改委 2013 年第 21 号令），“白酒生产线”为“限制类”项目。根据《国务院关于发布实施〈促进产业结构调整暂行规定〉的决定》（国发[2005]40 号），对此类项目，国家有关部门要根据产业结构优化升级的要求，遵循优胜劣汰的原则，实行分类指导。同时，多年来国家亦多次调整白酒消费税等税收政策，以加强税收管理和税基保全，引导白酒消费，具体见表 1.6。

2）市场竞争激烈，消费结构多元化。

我国白酒生产企业众多，2018 年纳入国家统计局范畴的规模以上白酒企业 1445 家，除此之外还存在数量众多中小型白酒企业。部分中小企业限于经营规模和技术条件，在卫生、检测等方面存在一定隐患，产品存在质量安全风险。另外，在白酒流通领域，部分白酒企业为了抢占市场，盲目投入，恶性竞争。行业的无序竞争延缓了行业升级的步伐，导致企业发展后劲不足，是行业良性发展的潜在障碍。

同时，随着人民生活水平的不断提高，消费者健康意识增强，人们对含酒精饮料的饮用有所节制，而葡萄酒、啤酒、黄酒及不含酒精的饮品快速发展，在一定程度上替代了白酒的消费。

另外，按照世界贸易组织（WTO）规则，我国的饮料酒标准分类中，已包含威士忌、伏特加、朗姆酒、金酒和白兰地等世界主要酒种，使它们获得了进入中国市场的法律地位。随着国外白兰地、威士忌等洋酒通过多种手段，加大在国内的营销力度，洋酒在国内市场的占有率不断提高，每年增长20%以上，对白酒市场构成一定的冲击。近两年国外烈性酒的进口情况见表1.14。随着酒类消费多元化的趋势日渐明显，白酒替代品的发展在一定程度上影响了我国白酒行业的增长。

表1.14　近两年白酒出口与烈性酒进口的对比

进出口形式	烈性酒类别	金额/亿元	
		2017年	2018年
出口	白酒	31.73	43.41
进口	蒸馏葡萄制得的烈性酒	58.98	69.84
	威士忌酒	9.17	11.45
	朗姆酒及蒸馏已发酵甘蔗产品制得的烈性酒	0.56	0.52
	杜松子酒	0.30	0.40
	伏特加酒	1.03	1.10
	利口酒及柯迪尔酒	1.69	3.09
	龙舌兰酒	0.41	0.38
	白酒	4.73	6.82
	合计	76.87	93.60

资料来源：北京宇博智业市场咨询有限公司，2019。

3）产能增长速度很快，市场应变能力滞后。

在“量产齐升”的黄金十年阶段，即白酒行业高速发展时期，企业产能大量增加、国内外资本大量涌入、地方政府的政策性保护等，加剧了酿酒规模的扩张。白酒行业进入深度调整期后产能增速，遗留下库存压力过大、销售渠道不畅、消费能力不足、利润空间降低的危机。面对新的市场变化，面对国内外整体经济形势的压力，面对节俭治国的社会环境，部分企业对深度调整的心理落差准备不足，仍然心存幻想，缺乏适应新常态变化的决心，调整发展战略的能力不强，应对市场变化的措施滞后。进一步解放思想，树立信心，主动适应市场形势新常态，积极寻找新的经济增长点，以市场需求定产量，是保障行业稳步发展的必修功课。

4）经济效益提升困难，企业发展后劲不足。

为了应对社会环境与市场环境的新变化，大多数企业积极调整产品结构，重新构建价格体系，降低了高端产品价格，加大了中低端产品的生产规模，取得了一定的成效，但却造成收入稳中有升、利润和税金持续下降的被动局面。产品利润率的降低，削减了企业发展后劲，制约了行业科技投入，影响了行业持续健康发展。在控制总量的基础上，建立科学的产品结构体系，控制产品成本，主动适应消费者需求，稳定产品价格，是创造企业核心竞争力的必然选择。

5）科技创新能力不足，生产装备落后。

白酒行业虽然经过多年的发展，取得了很好的成绩，也通过加大机械化生产试点，在一定程度上提高了生产效率，但与机械化、自动化、智能化和信息化的先进水平差距仍然较大，整个工艺缺乏在制曲、发酵和摘酒等核心工序上的自动化和智能化装备。科学建立行业创新机制，加大力度提高自主研发能力，树立传统产业转向现代化工业的坚定信心，推动白酒行业现代化进程，是我国实行《中国制造 2025》的需要，也是整个酿酒产业的重要任务。白酒行业要紧紧抓住《中国制造 2025》实施契机，大力发展具有自主知识产权的酿酒设备，促使行业向集成化、智能化和高端化发展。

6）成本逐年攀升，企业生存压力加大。

各地最低工资标准逐年上调和就业者社会保障制度日臻完善，企业面临的“用工贵”“用工难”等问题将会进一步突出。国家金融与信贷政策调整，中小企业面临的“融资难”“融资贵”问题难以改善。大气污染、水污染等治理不断升级，对食品工业的节能、减排、降耗等提出了更高要求，企业改造的成本压力加大。“史上最严超载令”全面实施，企业物流运输成本提高。食品工业大宗原料市场国际化加快，进口冲击和价格波动加剧，企业原料购进成本不确定性加大。渠道商对食品销售的控制力增强，企业面临的“门槛费”以及各种折扣支出不断增长。

3. 白酒行业的发展趋势

从行业形势看，随着“八项规定”“六项禁令”等政策的严格实施，白酒行业在经历了深度调整后，2016 年下半年以来出现了回暖迹象，白酒消费呈现出向主流品牌、主力产品集中的趋势，白酒产业也向品牌、原产地和文化集中，产业竞争加剧对弱小白酒企业的挤出效应。白酒行业未来应适应市场需求，在“健康中国 2030”规划下，围绕“三品”战略和“一带一路”倡议，实现转型升级和科技创新，具体发展趋势情况如下。

（1）消费结构升级，传统消费向健康和理性转变

消费是经济增长的重要动力。随着高端白酒回归大众消费，人口周期和消

费结构变化将是影响白酒行业发展的主要因素之一。作为白酒消费的主力人群，中国在 30～55 岁区间的人口结构在 2015 年达到一个高峰，预计 2020 年之后才会有明显下降，因此白酒需求仍具有增长潜力。

同时，中国消费水平提升，特别是年轻消费群体的壮大，直接推动了传统酒类消费的分化和裂变，酒类消费已进入一个多元化和个性化的时代。为全方位地满足年轻人群、现代人群和特定人群的消费需求，跨品类新品（如鸡尾酒）和小酒品类新品（如荞香型和陶香型白酒）不断推出，同时白酒的度数也向着“低度化”发展。

国人饮酒的传统消费方式——“干杯文化”正在转变。饮酒是健康的、是愉悦的、是增加情感的，不能成为一种负担。酒类消费在中国的负面形象和过量饮酒息息相关。酒类消费缺乏场景感、体验感、仪式感和参与感，必须丰富中国酒类消费的新文化，创新和倡导消费新文化，呼吁全社会建立科学饮酒新理念。引导消费者转变消费方式、创新消费方式非常重要，开创少喝酒、常喝酒、喝好酒的理性消费时代，对产品的安全性和健康性提出了更高的要求，对产品的内在质量成分提出了更多的知情权，这也是中国白酒，甚至酿酒产业发展的基本方针和方向。

（2）行业集中度将进一步提高

长期以来，白酒行业整体集中度显著偏低。除了中国白酒市场的集中度偏低之外，中国白酒消费的区域特征也比较明显，白酒单一品牌全国化难度较大。但目前，白酒行业的集中度在逐步提高，白酒企业的分化态势也将继续。2011 年以来，白酒行业中的重大并购事件如图 1.26 所示。

2018 年规模以上白酒企业有 1445 家，较 2017 年 1593 家少了 148 家，这与白酒行业的集中度提高密切相关。今后，拥有较强品牌和渠道竞争优势的名酒企业更能把握住机会，在行业深度调整、挤压式竞争阶段迅速企稳，提升市场份额。

（3）以规模转特色、以产量转品质是产业发展的新动态

如前面 1.2.1 所述，目前白酒行业进入了深度调整期，而白酒行业调整的关键在于产业转型，产业转型的关键在于品质和特色。培育品牌、追求产能、扩大规模可以说是“十二五”期间白酒行业的主旋律，许多优秀的企业规模扩大、产量提升、品牌提升，取得了较快发展。酒的社会属性是满足人民精神、文化和交际的嗜好性消费品。随着人们日益增长的精神文化需求、生活品质需求和个性消费需求，在产业产能过剩的背景下，品质和特色一定是白酒产业发展的方向，规模、品牌效益向品质、特色效益转变是顺势而为，能创造新机会。打造体验消费，提升产品品质特点，将品质和特色作为产品品牌的核心。高端

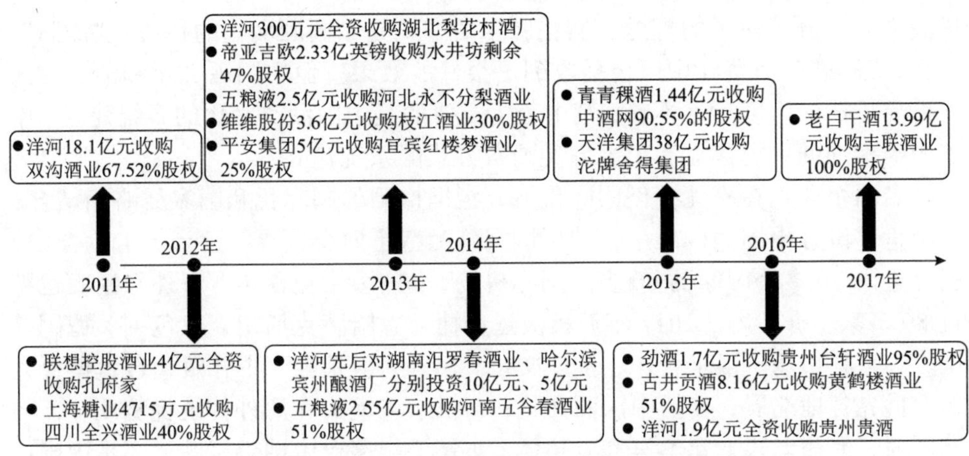

图 1.26　2011 年以来白酒行业的重大并购事件

资料来源：方正证券研究所，2017

定制酒和白酒酒庄的发展模式正是实现这一转变的重要方式。酿造生态、酿造文化和酿造个性品质，不仅可以实现产品特色化需求，同时可以实现体验消费需求，又可以实现价值提升和效益增长，这必将是白酒产业新的增长极。

（4）传统酿造向智能、智慧酿造转变

白酒品质和特色的实现需要推动与加大白酒酿造基础及应用科学研究，将智能技术引入白酒产业，实现酿造的智能化，以智能化实现酿造高品质。先进的工业智能化可以展现酿造技艺的先进水平，是传统经验式酿造的跨越式升级。传统手工酿造的精细化、艺术化更能彰显中国酿酒师的伟大智慧。精益求精的工匠酿造展现着中国白酒智慧酿造的魅力。智能酿造和智慧酿造并举，智能酿造保品质，智慧酿造创特色，两者相互辉映、共同发展。智能化完全可以借鉴酿酒大师的技艺，在智能化基础上大师技艺更能展现无限魅力。目前，在“中国白酒 169 计划”和“中国白酒 158 计划”引领下，部分白酒传统的生产方式由机械化、自动化取代，促进了白酒产业技术升级、装备升级。今后，在《中国制造 2025》实施的契机下，在面临更加激烈的市场竞争背景下，白酒必将继续向着机械化、数值化、智能化和智慧化的方向发展。

（5）重点骨干企业注重开拓国际市场

以“世界性思维”指导中国酒文化走向国际，充分认识中国酒本身就是世界酒的有机组成部分。同时注重国内和国际市场，成为行业重点企业的共识。白酒的国际化，甚至国产酒类产品国际化蓝海的开创，是各种酒类产品面临的共性问题。白酒作为中国的国酒、中国文化的典型代表，不能仅以扩大内需为主导，应该随着中国的伟大复兴，随着“一带一路”走出国门，向世界传播中华酒文化。分享快乐的理念、文化和生活方式是中国酒文化的核心。“洋酒”文化、“洋酒”消费在中国传播收到了很好的效果。但中国酒文化和消费方式向世界传播的力度远远不够，其中最为重要的是中国酒类文化的系统建立、中国酒类标准的系统建立和中国酒类消费方式的系统建立。

名酒企业正在率先开创国际蓝海，把国产酒的国际化和国家战略相结合，向全世界讲好中国酒的故事，让中国智慧酿造走向全世界。茅台与卡慕合作，已经进入 30 多个国家的 60 多个国际机场、300 多家免税店，海外经销商也超过 80 多家。据了解，2017 年五粮液远赴捷克、哈萨克斯坦、以色列、德国等国家，考察市场、谋求合作、推广文化。另外，五粮液、古井贡通过世博会宣传、世界各地巡展，传播中国酒文化；汾酒、二锅头在海外传统优势明显。与此同时，泸州老窖七星盛宴和“超体”鸡尾酒、茅台中国鸡尾酒，都是中国白酒品牌走向世界的尝试。

（6）总经销+分销与互联网+连锁经营互为补充，相互融合程度大幅上升

酒类传统营销方式主要有区域代理+分销和产品总经销+分销两大类型，全国酒类经营主体近 300 万家，绝大多数为小微企业，市场无序竞争激烈，营销手段、成本核算、财务管理和人才培养等相对比较落后，流通效率偏低。随着移动通信和互联网越来越便利及两者紧密结合，彩信、短信、微信、应用程序（APP）、无线应用协议（WAP）、二维码等移动终端+互联网的新型“互联网+”分销模式由于具有更强的灵活性、更好的精准性和互动性，被引入酒类分销中，2016 年以来与传统营销方式融合程度大幅上升，营销额占比同时大幅上升。“互联网+”营销模式创新发展、不断深化，最引人瞩目的应该是互联网+酒类连锁经营组织形式。目前，白酒生产企业与酒类销售商也纷纷尝试连锁专卖方式。可以肯定地说“互联网+”线下连锁的融合发展模式将成为酒类分销体系转型发展的重要方向。通过搭建线上到线下（O2O）网络、深度进入餐饮业等方式，消费者可通过平台网络方便、实惠地买酒，同时依托其数量众多的线下实体店连锁体系、服务体系和仓储体系，让厂家可以将货直接发到门店，然后通过门店的配送员送给消费者，通过线上线下融合发展实现供应链的整合。

1.2.7 白酒行业发展中的重点研究方向及关键技术

近年来，白酒行业在中国酒业协会的推动下，开展了多项工作，取得了较大的成果，如“中国白酒 169 计划”，对白酒健康成分、香味物质等进行了研究，20 多家行业企业参与探索和研究，取得了积极成效；“中国白酒 158 计划”，从制曲机械化、发酵工艺机械化、蒸馏工艺机械化、调酒计算机集成制造技术和灌装、包装、成品库智能管理五个领域提高白酒行业的机械装备水平；“中国白酒的 3C 计划”，以“品质诚实、服务诚心、产业诚信”为主旨，推动白酒产业健康、持久发展，加快了白酒产业结构调整。

但是，作为我国传统产业，目前除了少部分名酒企业，大部分白酒企业的生产工艺、技术装备相对落后，多数工序环节仍采用传统的手工或半机械化生产方式，而且名酒企业在一些核心工序（制曲、蒸馏和发酵）中也处于半机械化生产水平。总体上，白酒行业整体机械化水平较低，且在其提高产品质量稳定性、产品优质率、节约能耗、降低成本等方面的技术问题难以解决。与整个食品工业相比，我国白酒行业工艺中几个核心工序的技术装备严重落后。另外，近年来全酿酒行业已经开始面临劳动力成本不断攀升、土地资源日益紧张、生产环境和食品安全要求更加严格等局面，中国传统白酒改变生产方式已成为产业可持续发展的重要课题，改造升级、走新型工业化和机械化道路已势在必行，同时这也是《中国制造 2025》的需要。

因此，为了推动白酒产业结构和产品结构调整，加快产业升级，使整个白酒产业取得长足的进步和创新的发展，今后白酒的重点研究方向和开发的关键技术与装备如下所示。

1. 重点研究方向

（1）白酒风味活性成分的系统解析

风味成分是白酒香气和口感的物质基础，但不是所有的成分对白酒的风味都有贡献，甚至有的还会有副作用。对白酒风味有贡献的成分称为风味活性成分。中国白酒种类多样，风格各不相同，但大部分成分都是相同的，所不同的是这些风味活性成分的含量有差别，造成相互之间的量比关系不同。风味活性成分之间的量比关系决定了白酒的风味特征。因此，从香气和口感两个方面对白酒的风味活性成分进行解析，是整个白酒研究的基础。虽然现在人们采用风味感官技术对白酒的风味活性成分进行了大量研究，取得了一些成果，但仍需要全面系统地对其进行研究，明确不同白酒中风味活性成分的量比关系，为质量控制和工艺改进提供基础数据。

（2）关键风味活性成分的代谢机理

中国白酒传统生产工艺的核心之一是发酵工序。白酒的风味成分大部分是这一阶段产生的，发酵质量的好坏直接决定了白酒的风味品质。虽然很多现代生物技术被应用到发酵过程的研究中，如蛋白质组学技术、代谢组学技术等，但目前人们对白酒的发酵过程不是很了解，仍处于“黑盒子”状态。值得肯定的是，白酒中的一些关键活性成分的代谢机理基本上明确了。另外，明晰白酒中单一风味活性成分的形成机制，特别是对白酒影响较大的关键风味活性成分的微生物代谢机理，仅是解析中国白酒发酵“黑盒子”的第一步，最关键的是解析白酒发酵过程中群体微生物的发酵代谢机理，因为在白酒发酵过程中，多种微生物共存，共同发酵。

因此，解析风味活性成分的代谢机理，特别是群体微生物的代谢机理，有助于揭示中国白酒的发酵过程，为白酒发酵过程的调控和智能化发酵装备的开发提供基础数据。

（3）白酒国际检验标准的系统建立

随着国家“一带一路”倡议的推动，白酒品牌拓展海外市场的力度也在加大，这是中国白酒走向世界的好时机，也是拓展新消费市场的机会。但从客观的角度来看，目前中国白酒“走出去”还面临很多挑战，如文化和消费方面的差异、如何适应国外的相关政策和法律法规以及技术标准问题等。各国对烈性酒管理的政策法律差别比较大，把中国白酒归类于不同品类的酒精饮料，执行不同的进口检验标准，并且与其他酒类的关税也不大相同，这些导致中国白酒的出口成本比较高，削弱了其在国际市场上的竞争力。另外，白酒是中国独有的烈性酒品种，技术体系一直局限在中国国内，缺乏与国际接轨的技术标准体系，这也是始终制约着中国白酒真正国际化的难题。

（4）微生物资源挖掘与菌种资源库建立

白酒的传统酿造工艺一直是开放式、多微共酵的生产模式，利用空气、土壤和窖池等环境中的微生物进行发酵生产，微生物在白酒生产中起着至关重要的作用。利用宏基因组学系统分析传统酿造白酒不同生产期的微生物菌群组成情况，解析微生物菌群演变历程；系统收集和整理传统特色酿造白酒用微生物菌种资源，开展微生物菌种特征代谢产物分析和功能性评价研究；研究功能性产酶微生物代谢特征及机制，对关键功能性产酶微生物进行有效的定向代谢调控，丰富传统发酵白酒中特色风味物质；针对传统特色酿造白酒常用微生物菌种，在基因组水平开展微生物菌种的产毒和耐药基因的筛查，结合微生物菌种所产的毒素和药物敏感性测定评价菌种的安全性；针对传统酿造白酒关键微生物菌种，开展关键功能微生物培养模式研究和微生物组合发酵技术研究，并在传统酿造生产中进行应用；构建我国传统特色酿造白酒用微生物菌种资源库，实现对我国传统酿造微生物菌种资源的长期、规范和安全保藏。这对解析我国白酒的生产过程具有重要意义。

（5）微生物菌群的代谢与调控

融合基因组学、转录组学、蛋白质组学和代谢组学对功能微生物进行系统分析，确定功能微生物中影响酿造白酒特征风味物质形成的关键酶和关键基因，揭示功能微生物发酵合成特征风味物质分子机理，原位解析白酒固态酿造过程中微生物群体转录代谢时空变化特征，明晰白酒主要功能微生物代谢特征及其在原位环境中与其他微生物及环境之间的相互作用规律，借助机理在宏观水平上调控发酵条件，通过微生物细胞本体实现微观分子水平上的变化，通过微生物强化实现品质改良；基于群体系统生物学理论，系统分析酿造白酒中关键微生物相互作用规律，建立以特征风味为导向的微生物组合发酵优化技术，通过调整菌种组合实现功能微生物协同发酵，提高发酵效率与产品风味品质，实现酿造白酒代谢途径的可控，利用优化的菌种组合提升食品品质；结合功能微生物特性和菌群优化组合调整相应生产工艺，确定微生物菌群添加量、添加时机和发酵过程中环境因子的变化规律，保证功能微生物和菌群优化组合发挥最好作用，实现白酒品质的提升，并制定标准化的生产工艺，保证食品品质的稳定。

2. 重点开发的关键技术与装备

（1）智能化制曲技术与装备的开发

曲是酿酒的一种原料，是中国白酒酿造过程中的糖化剂和发酵剂，主要有大曲、小曲和麸曲。中国的很多名优白酒基本上都是用大曲生产的，所以大曲在白酒酿造过程中用量很大。大曲又称块曲或砖曲，以大麦、小麦、豌豆等为原料，经过粉碎，加水混捏，压成曲醅，形似砖块，大小不等，让自然界各种微生物在上面生长而制成。目前，除了制曲醅及之前的工艺实现了机械化外，后期的过程基本上都是手工操作，人工翻曲和降温，至大曲自然成熟。目前存在的问题是大曲是否成熟主要靠经验和常规的理化指标判断，再加上曲虫的影响，所以每批次和每季度的大曲品质不稳定，进而影响发酵过程，影响白酒的品质。因此，今后开发一种新的智能化制曲技术与装备是非常必要的，也是非常紧迫的。

（2）智能化上甑技术与装备的开发

在白酒酿造过程中，需要对白酒的原材料进行上甑，白酒上甑操作的好坏会直接影响白酒的质量。上甑的要求极高，必须糟醅疏松、均匀，轻撒匀铺，探气上甑，上气齐、装的平、不压气、不跑气等才能制造出质量好的白酒。对于上甑而言，即使是有多年经验的上甑师傅，也难以精确控制，而其中一旦出现失误环节就会造成白酒质量降低。然而现有技术中通常都是人工操作，不仅劳动强度大，而且人工操作不确定因素多，难以把控，最终酿造的白酒质量也难以精确控制。因此，为了稳定和提高白酒质量，亟需一种机械化或智能化上甑装置，减少在白酒上甑过程中因人工操作带来的失误。

（3）智能化发酵技术与装备的开发

如上所述，中国白酒的发酵过程目前基本上处于“黑盒子”状态，能在入窖池之前，通过调节发酵物料的配比、水分、酸度和温度等手段，前期控制发酵，但在入池发酵后基本上无法控制，对整个过程也不够了解，同样造成每批次、每季度发酵的物料状态不一样，蒸馏出的原酒品质也就有差别。因此，在加大发酵阶段研究的过程中，也应积极开发新的智能化发酵技术，使该过程可调可控，保证发酵质量稳定。

（4）智能化摘酒技术与装备的开发

摘酒一直以来也是影响白酒品质的重要环节。目前，白酒企业普遍采用的工艺是沿用至今的传统工艺——断花摘酒。馏酒时的酒度高，则酒花大，消失快；随着酒度的降低，酒花越来越小，消失速度变慢。为了区分不同的酒度，人们沿用了不同的名称，如“大清花”“小青花”“绿豆花”“碎米花”。根据酒花消失的快慢，分段摘酒；在酒花消失的瞬间，停止摘酒。整个工艺过程都是手工操作，经验式判断，每批次的产品质量有差别，不稳定；同时也面临着劳动强度大，用工难，特别是有经验的工人少等问题。因此，在今后白酒的发展过程中，开发智能化摘酒技术和装备也是未来白酒技术开发的重点。

（5）废水减排和高值利用的绿色生产技术与装备开发

白酒酿造的废物主要有酒糟和废水——黄水。酒糟一般用作饲料，对环境基本没有影响。黄水则影响比较大。据报道，每生产 1 吨大曲酒，将产生 0.3～0.4 吨黄水，年产万吨规模的大曲酒厂，日产黄水量为 10 吨左右。黄水的 pH（3.0～3.5）较低，生化需氧量（BOD）为 25000～30000 mg/L，化学需氧量（COD）为 25000～40000 mg/L，BOD 和 COD 指标远远超过环境保护部和国家质量监督检验检疫总局联合发布的《发酵酒精和白酒工业水污染物排放标准》的要求（BOD 为 30 mg/L，COD 为 100 mg/L）。若将黄水直接排放，不仅会造成非常严重的环境污染，同时也会造成巨大的资源浪费。因此，加强黄水的减排和高值利用的绿色生产技术与装备开发，对白酒行业的可持续健康发展具有重要的作用。

1.2.8　实现可持续发展的构想及技术路线

根据《中共中央关于制定国民经济和社会发展第十三个五年规划的建议》精神，结合我国酒类产业实际，中国酒业协会制定了《中国酒业“十三五”发展指导意见》，并于 2016 年 4 月 13 日正式发布。该指导意见提出了五项发展理念：坚持创新发展，实现质量效益共赢；坚持协调发展，推动产业结构平衡；坚持绿色发展，改善自然生态文明；坚持开放发展，参与国际酒业竞争；坚持共享发展，促进酒与社会和谐。同时，从“稳中求进，准确把握经济发展新常态”“文化先行，倡导理性饮酒提升公信度”“转型升级，依靠科技突出创新驱动力”“质量为本，优化结构提升综合竞争力”四个方面提出了“十三五”的发展方向。

《中国酒业“十三五”发展指导意见》指出白酒行业要注重智能和智慧酿

造，加大白酒酿造基础科学研究，把智能技术引入白酒行业，实现白酒酿造智能化，促进酿造高品质产品。通过先进的工业智能化提升白酒行业酿造水平，推动白酒酿造基础的转型升级。同时要改进白酒生产工艺，降低开放式生产方式带来的食品安全隐患，采用食品级不锈钢材质改造落后设备，降低塑化剂、重金属等迁移隐患，降低有害微生物污染。

同时，该指导意见还明确提出了白酒行业的“十三五”目标：到 2020 年，白酒行业产量达到 1580 万千升，比 2015 年 1312.8 万千升增长 20.35%，年均复合增长 3.77%；销售收入达到 7800 亿元，比 2015 年 5558.86 亿元增长 40.32%，年均复合增长 7.01%；利税 1800 亿元，比 2015 年 1279.71 亿元增长 40.66%，年均复合增长 7.06%。

结合近年来白酒的发展情况以及《中国酒业“十三五”发展指导意见》，本书提出白酒行业在未来 20 年的发展目标和技术路线，如下所示。

1. 白酒行业未来 2028 年、2038 年等 20 年内的发展目标

（1）白酒行业未来 2028 年的发展目标

1）经济目标：到 2028 年，白酒行业产量稳中有升，达到 1325 万千升，比 2017 年 1198 万千升增长 11%，年均复合增长 1%；销售收入达到 9210 亿元，比 2017 年 5654 亿元增长 63%，年均复合增长 5%；利润 1380 亿元，比 2015 年 1028 亿元增长 34%，年均复合增长 3%。

2）工艺改进：白酒制曲和发酵技术实现突破，实现机械化生产；白酒全行业所有工序实现机械化生产，少数名优企业在贮存、勾兑、灌装、包装实现智能化。

3）国际市场：到 2028 年，白酒出口达到 2020 万升，比 2017 年 1657 万升增长 22%，年均复合增长 2%；出口额达到 5.73 亿美元，比 2017 年 4.70 亿美元增长 22%，年均复合增长 2%。

（2）白酒行业未来 2038 年的发展目标

到 2038 年，与 2017 年相比，白酒行业完成产业结构调整，销售收入、利润以及出口量和出口额都实现翻两番；白酒行业在传承的基础上创新发展，大部分企业在保留传统工艺基础上，实现机械化，名优白酒企业实现智能化，最后达到传统工艺（智慧酿造）和现代工艺（智能酿造）共存的格局。

2. 实现可持续发展的技术路线

白酒行业固态白酒实现 20 年发展目标的技术路线如图 1.27 所示。

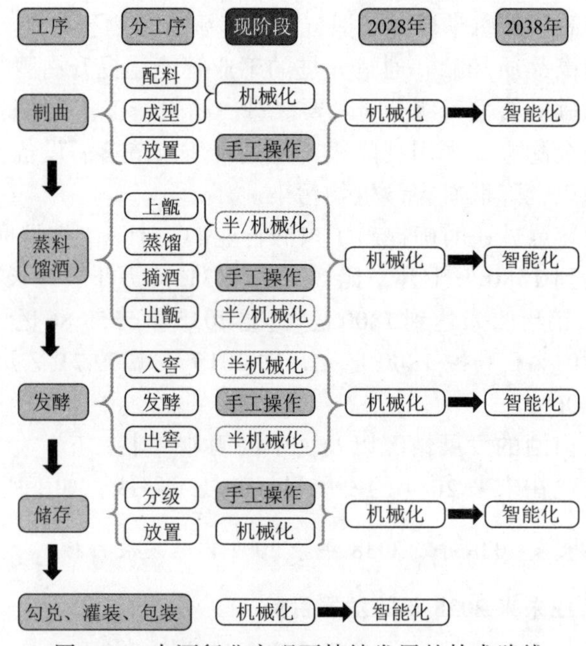

图 1.27　白酒行业实现可持续发展的技术路线

1.2.9　白酒行业可持续发展的典型案例

贵州茅台酒股份有限公司是由中国贵州茅台酒厂有限责任公司、贵州茅台酒厂技术开发公司、贵州省轻纺集体工业联社、深圳清华大学研究院、中国食品发酵工业研究所、北京糖业烟酒公司、江苏省糖烟酒总公司、上海捷强烟草糖酒（集团）有限公司等八家公司共同发起，并经过贵州省人民政府黔府函字（1999）291 号文件批准设立的股份有限公司，注册资本为 1.85 亿元。

1. 发展历程

1951 年，国家以 1.3 亿元（旧币）赎买成义烧房，正式成立“贵州省专卖事业公司仁怀县茅台酒厂”（简称茅台酒厂）。

1952 年，仁怀县财委会将没收的荣和烧房估价 500 万（旧币），划拨给茅台酒厂。茅台酒厂由贵州省专卖事业管理局领导，厂名更为“贵州省专卖事业管理局仁怀茅台酒厂”。贵州茅台酒在全国第一届评酒会上被评为国家名酒，位列全国八大名酒之首。

1953 年，茅台酒厂划为贵州省直企业，由省工业厅领导，遵义地区专员公署代管，厂名更为“贵州省人民政府工业厅茅台酒厂”。地方食品工业部投资 10 亿元（旧币），发展茅台酒生产。

1954 年，“贵州省人民政府工业厅茅台酒厂”更名为“地方国营茅台酒厂”。国家投资 8 万元扩建茅台酒厂。

1955 年，茅台酒商标（车轮牌）在我国香港、澳门地区以及马来西亚、新加坡等地注册。“地方国营茅台酒厂”更名为“贵州省茅台酒厂”。国家投资 7.3 万元建设茅台酒厂。

1957 年，国家投资 130 万元用于酒厂的制酒、制曲、粮库、酒库和化验室的扩建。相关人员总结出茅台酒传统工艺 14 项操作规程，全面恢复了茅台酒生产的传统操作方法。

1962 年，贵州省轻工业厅核定茅台酒年产量为 500 吨规模，定员 610 人。

1963 年，全国第二届评酒会上，茅台酒再获“全国名酒”称号。

1964 年，轻工部主持成立了茅台酒试点委员会。

1965 年，经过贵州茅台酒试点工作委员会的科学试验和总结，确立了贵州茅台酒三种典型体（酱香、醇甜、窖底）的划分。

1966 年，茅台酒试点委员会经过两个生产周期的试验，基本掌握了茅台酒生产规律，从根本上肯定了传统操作规程。

1967 年，茅台酒厂第一台自制制曲机组试制正式投产。

1968 年，茅台酒厂改地窖烧煤烤酒为锅炉蒸汽烤酒。

1974 年，召开曲师会议，制定《茅台酒曲操作注意事项》。

1977 年，超额完成国家下达的 750 吨的茅台酒生产计划，结束了 15 年完不成生产任务的历史。

1978 年，开始低度茅台酒的研究。茅台酒生产突破千吨关，达到 1068 吨，扭转了连续 16 年的严重亏损。

1979 年，茅台酒第三次获“国家名酒”称号，第一次获国家质量金质奖。

1980 年，茅台酒包装实行半机械化一条龙生产，提高了包装质量与效率。

1986 年，39°茅台酒通过国家级鉴定，获得高度评价。厂名更为“中国贵州茅台酒厂”。

1989 年，全面恢复人工踩曲。茅台酒厂修订大曲酱香型酒厂国家一级企业标准。贵州茅台酒获全国第五届评酒会金奖，实现国内金奖五连冠。

1996 年，贵州省人民政府批准贵州茅台酒厂改制为国有独资公司，更名为“中国贵州茅台酒厂（集团）有限责任公司”。

1997 年，中国贵州茅台酒厂集团、中国贵州茅台酒厂（集团）有限责任公司在贵阳举行授牌仪式。

1998 年，中国贵州茅台酒厂（集团）有限责任公司技术中心成立。中国贵州茅台酒厂（集团）习酒有限责任公司成立。

1999 年，贵州茅台酒股份有限公司成立。

2000 年，“贵州茅台酒股份有限公司”更名为“中国贵州茅台酒厂有限责任公司”。茅台集团荣膺“2000 年全国质量管理先进企业”。

2006 年，“茅台酒酿制技艺”入选国家级首批“非物质文化遗产代表作”名录。季克良、吕云怀等获“中国酿酒大师”称号。

2007 年，茅台酒射频识别（RFID）技术防伪项目正式启动，每瓶真茅台酒将获得唯一“身份证”。

2008 年，国酒茅台全国经销商户已达 1143 家，并在数十个国家和地区建立了营销机构。茅台酒传统酿造技艺被国家推荐申报联合国教科文组织“人类口头与非物质遗产代表作”。

2009 年，季克良等入选全国第三批国家级非物质文化遗产项目代表性传承人，茅台酒酿造技艺首次有了国家级传承人。

2010 年，茅台集团年度销售收入突破 150 亿元，超额完成茅台酒产能扩容任务 35%以上。贵州茅台酒股份有限公司总市值达 1735 亿元，高居白酒上市公司第 1 位。

2011 年，茅台集团再次荣获全国质量奖，中国茅台上榜“全球酒业品牌 50 强”第 9 位。

2012 年，国酒茅台荣膺世界烈酒大赛金奖。贵州茅台首次以 118.38 亿美元的品牌价值入选 BrandZ™ 最有价值全球品牌 100 强，位列第 69 位。

2013 年，国酒茅台荣获 2013 年度全球卓越绩效奖，茅台上榜全球 50 大最具价值烈酒品牌，位列第二，茅台酒酿酒工业遗产群入选第七批全国重点文物保护单位。茅台开设阿里巴巴、天猫、京东旗舰店。茅台集团获批博士后科研站。茅台 RFID 防伪溯源体系上线，手机可验真伪。

2015 年，国酒茅台首次入选世界品牌 500 强。第二届中国白酒科学技术大会上茅台股份《酱香型白酒酿造微生物代谢产物解析平台的建设及应用研究》荣获“白酒酿酒微生物研究 10 大科技成果奖”，《酱香型白酒风味物质剖析技术体系建设》荣获“白酒中风味物质研究 10 大科技成果奖”，《酱香型白酒大容器自动化控制勾兑技术研究及应用》荣获“白酒陈贮、勾兑、感官品评技术 10 大科技成果奖”，《酿酒有机原料基地建设与示范》荣获“白酒接触材料、物流与综合利用、生态环保 10 大科技成果奖”。

2016 年，茅台名列 2016 全球烈酒品牌价值 50 强首位。茅台股份公司荣获 2015 年度贵州省科技进步奖、2015 年度中国酒业协会科技进步奖二等奖。“贵州大曲”和“习酒窖藏 1998”荣获“2016 中国酒业十大最具价值新品”，“悠蜜”荣获“2016 年度中国利口酒领导品牌”。茅台股份公司荣获首届贵州“省长质量奖”和获评“全省工业品牌培育示范企业”，茅台集团荣获“贵州省品牌建设突出贡献奖”。

2. 企业产品结构

目前，贵州茅台酒股份有限公司茅台酒基酒的年生产量 4 万吨左右，具体产品列表见表 1.15。其中，43°茅台酒拓展了茅台酒家族低度酒的发展空间；茅台王子酒、茅台迎宾酒满足了中低档消费者的需求；15 年、30 年、50 年、

80 年陈年茅台酒填补了年份酒的空白，在国内独创年代梯级式的产品开发模式。现阶段茅台酒形成了低端、中高端、高端三大系列 200 多个规格品种，全方位跻身市场，从而占据了白酒市场制高点，称雄于中国高端酒市场。

表 1.15　贵州茅台酒股份有限公司产品列表

类型	产品
陈年茅台酒	汉帝茅台酒，80 年、50 年、30 年和 15 年茅台酒，陈年茅台纪念酒
普通茅台酒	飞天茅台酒、五星茅台酒、礼盒茅台酒、茅台纪念酒
低度茅台酒	43°茅台酒
其他系列酒	汉酱酒、赖茅酒、茅台王子酒、茅台迎宾酒、财富酒、王茅酒，等等

3. 经营效益分析

2015～2018 年，贵州茅台酒股份有限公司的总资产和净资产以及营业收入和净利润分别如图 1.28 和图 1.29 所示。

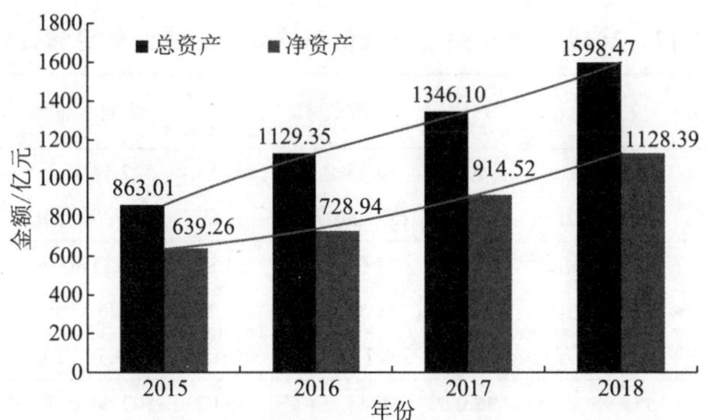

图 1.28　2015～2018 年贵州茅台酒股份有限公司的总资产和净资产

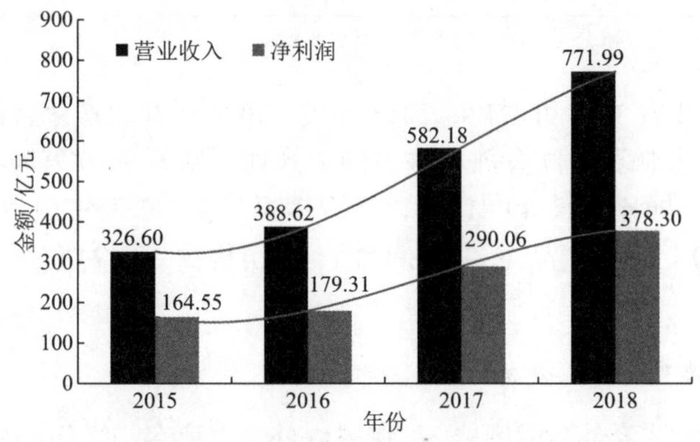

图 1.29　2015～2018 年贵州茅台酒股份有限公司的营业收入和净利润

由图 1.28 可知，2015～2018 年，贵州茅台酒股份有限公司的总资产和净资产在不断增加，2018 年总资产达到 1598.47 亿元，比 2017 年增长 18.75%，其中，归属于上市公司股东的净资产达 1128.39 亿元，比 2017 年增长 23.39%。

由图 1.29 可见，2015～2018 年，贵州茅台酒股份有限公司的营业收入和净利润也都在不断增加，2018 年营业收入达 771.99 亿元，同比增长 32.60%，净利润达 378.30 亿元，同比增长 30.42%，净利润率为 49%。

2017 年贵州茅台酒产销情况和主要业务经营分析见表 1.16 和表 1.17。

表 1.16　2017 年贵州茅台酒股份有限公司产销情况

产品档次	产量/万吨	产量同比/%	销量/万吨	销量同比/%	销售收入/亿元	销售收入同比/%	主要代表品牌
茅台酒基酒	4.28	8.94	3.02	31.8	523.94	42.71	贵州茅台酒
其他系列酒基酒	2.10	1.86	2.99	113.19	57.74	171.53	茅台王子酒、茅台迎宾酒、赖茅酒

表 1.17　2017 年贵州茅台酒股份有限公司主要业务经营分析

分类	主营构成	主营收入	收入比例/%	主营成本	成本比例/%	主营利润	利润比例/%	毛利率/%
按行业分类	酒类	581.68 亿元	99.92	59.15 亿元	99.57	522.54 亿元	99.96	89.83
	其他（补充）	4927.10 万元	0.08	2577.36 万元	0.43	2349.74 万元	0.04	47.69
按产品分类	茅台酒	523.94 亿元	90.00	37.64 亿元	63.35	486.31 亿元	93.02	92.82
	其他系列酒	57.74 亿元	9.92	21.51 亿元	36.21	36.23 亿元	6.93	62.75
	其他（补充）	4927.10 万元	0.08	2577.36 万元	0.43	2349.74 万元	0.04	47.69
按地区分类	国内	558.98 亿元	96.02	56.45 亿元	95.02	502.54 亿元	96.13	89.90
	国外	22.70 亿元	3.90	2.70 亿元	4.54	20.00 亿元	3.83	88.11
	其他（补充）	4927.10 万元	0.08	2577.36 万元	0.43	2349.74 万元	0.04	47.69

注：贵州茅台酒股份有限公司 2017 年 12 月 31 日公布数据。

由表 1.16 和表 1.17 可看出，2017 年度，该公司共生产茅台酒及系列酒基酒 6.38 万吨，其中茅台酒基酒 4.28 万吨，系列酒基酒 2.10 万吨；实现主营收入 581.68 亿元，同比增长 49.81%，以国内销售为主，总销售额为 558.98 亿元，国外销售 22.70 亿元；产品主要是茅台酒，总销售额 523.94 亿元，其他酒销售 57.74 亿元。

4. 企业品牌及消费群分析

茅台酒是世界著名蒸馏酒之一，在国内外享有盛名，产于中国贵州茅台镇，以当地优质糯高粱、小麦、水为原料，利用得天独厚的自然环境，采用科学独特的传统工艺精心酿制而成，未添加任何香气、香味物质，从生产、贮存到出厂历经五年以上，具有酱香突出、幽雅细腻、酒体醇厚、回味悠长、空杯留香持久的特点。

公司主导产品“贵州茅台酒”在国内外拥有较强的品牌影响力，是世界蒸馏名酒之一，也是集国家地理标志产品、有机食品和国家非物质文化遗产于一身的白酒品牌。贵州茅台酒使用“贵州茅台”牌主商标，在主商标上分“五星”和“飞天”两种标识，两种标识的酒质完全是一样的。

茅台酒酿造工艺上的特点，决定了茅台酒是一种稀缺性产品，产品价位一般定位于中高端价位，消费人群也是收入比较高的人群。

5. 企业销售渠道与网络

茅台酒在国内各省份都有销售渠道和网络，在国外 30 多个国家也都有销售渠道和网络，如美国、英国、法国、德国、俄罗斯、巴西等，是我国目前国际化程度最高的几个白酒品牌之一。

6. 企业竞争优劣势分析

1）公司拥有著名的品牌、卓越的品质、悠久的文化、独有的环境、特殊的工艺等五大优势所组成的核心竞争力。

2）茅台酒是中国白酒行业唯一集绿色食品、有机食品、国家地理标志产品和国家非物质文化遗产为一身的民族品牌。

3）作为白酒行业龙头，公司经过多年发展，奠定了坚实基础，具有较强的抗风险能力。

4）公司坚持质量立企，诚信经营，坚持“崇本守道、坚守工艺、贮足陈酿、不卖新酒”的质量观，拥有较稳定的消费者群体基础和良好的渠道网络。贵州茅台荣膺“杰出绿色健康食品奖”，入选中欧地理标志互认产品名单。2014 年，茅台获得白酒品牌网络口碑的第一名、品牌知名度第一名、质量认可度第一名，好口碑成为百姓消费新的“风向标”。

7. 企业最新发展动向

该公司始终坚持“酿造高品位的生活”使命及“打造世界蒸馏酒第一品牌”的目标，致力于为消费者提供高品位的产品、服务和文化，为员工创造高品位人生，为股东提供丰厚的回报，努力成为各利益相关方最信赖的合作伙伴，奉行“大品牌有大担当”理念，塑造值得尊敬的企业公民形象。

未来五年，公司将坚持“稳中求进，提速转型”的总方针，深入贯彻落实“三个转型，五个转变”，继续推进“发展壮企、改革促企、质量立企、管理固企、环境护企、科技兴企、和谐旺企、安全稳企、人才强企、文化扬企”战略实施，引领带动贵州酒业和地方经济社会发展，努力承担社会责任，为巩固和提升茅台酒世界蒸馏酒第一品牌地位而努力奋斗。牢牢把握发展酱香酒这一主导产业地位不动摇，以“做强茅台酒，做大系列酒”为战略定位，坚定茅台酒高品质、高品位的路线，保持高端白酒优势地位，确保高端市场稳定增长；同时进行下属子、副品牌的有机整合、升级，实施“大力培育中坚品牌”战略，推进营销模式转型，至少打造两个系列酒品牌成为全国化中高端品牌，成为公司的主要业绩增长点，实现中低端市场有效扩张。最终形成品牌占优、价格领先的市场格局，确保公司在中国白酒市场的领先地位，特别是酱香酒市场领先。

1.2.10　可持续发展的政策建议

白酒在“健康、风味双导向”的产品发展理念和“生产现代化、市场国际化”的产业发展理念引领下，坚持传承、创新、发展，生产现代化水平和产品质量不断提升。习近平总书记非常关心白酒产业的发展，在“十九大”参加贵州代表团讨论期间，详细了解了“岩博酒”生产销售情况。

因此，为进一步促进我国传统酿造行业的健康快速发展，为国家的经济发展贡献更大的力量，进一步丰富人民的物质生活，增强民族自信，提出如下几条白酒产业发展建议。

1. 提升白酒文化影响力，推进白酒整体品牌建设

按照习近平总书记坚定文化自信和讲好中国故事的要求，坚定中国白酒文化自信，弘扬中国优秀白酒文化，加强白酒科普宣传，讲好中国白酒故事，打造白酒整体文化概念，强化白酒中国国酒的地位，利用一切机会向国际社会推介中国白酒，各级政府外事接待用酒要首选白酒，并把中国优质白酒纳入外事礼品赠送名单。同时，支持中国白酒传统固态酿造工艺申报世界非物质文化遗产。

2. 推进理性饮酒法规建设，引导消费者健康饮酒

建议政府出台相关政策法规，明确规定未成年人不得饮酒，不能向未成年人售酒；提倡适量饮酒、适时饮酒、文明饮酒、健康饮酒，引导消费者科学饮酒。

3. 调整白酒税收政策，促进白酒国际化

采取内外有别的税收征收模式，对白酒出口给予税收优惠、退税等政策支持。支持名优白酒企业适时在国外建厂生产，要求在中国经营的涉外星级酒店把白酒纳入酒水系列，鼓励国际化的中餐连锁经营企业把白酒纳入餐饮酒水饮料中。

4. 引导白酒企业践行社会责任，推动白酒行业可持续发展

白酒企业社会责任已成为白酒行业健康、可持续发展的重要推动力，白酒行业协会及业内企业近年来越来越重视社会责任的践行。一些业内大型集团每年都发布企业社会责任报告，但整个白酒行业发布的企业比例很小。建议针对白酒行业企业社会责任报告制订相关发布政策，规定符合相应标准的企业均应每年发布社会责任报告，推动整个白酒行业的健康发展。

第 2 章　黄酒行业技术与装备发展战略

黄酒是世界上最古老的酒类之一，源于中国，且唯中国有之，与啤酒、葡萄酒并称世界三大古酒。约在三千多年前，商周时代，中国人独创酒曲复式发酵法，开始大量酿制黄酒。

黄酒以大米、黍米、粟为原料，酵母曲种质量决定酒质，一般酒精含量为14%～20%，属于低度酿造酒。黄酒含有丰富的营养，含有 21 种氨基酸，其中包括数种未知氨基酸，且含有人体自身不能合成必须依靠食物摄取的 8 种必需氨基酸，故黄酒被誉为“液体蛋糕”。

经过数千年的发展，黄酒家族的成员不断扩大，品种琳琅满目。酒的名称更是多种多样，最为常见的是按酒的产地来命名的，如代州黄酒、绍兴酒、金华酒、丹阳酒、九江封缸酒、山东兰陵酒、河南双黄酒等。这种分法在古代较为普遍。还有一种是将某种类型酒的代表作为分类的依据，如“元红酒”，往往是干型黄酒；“加饭酒”表示半干酒；“善酿酒”表示半甜酒；“封缸酒”（绍兴地区又称为“香雪酒”），表示甜型或浓甜型黄酒。

国外市场上没有黄酒，与之相对应的是日本清酒。日本清酒酿造历史悠久，以水、大米、米曲为原料，添加清酒酵母发酵酿制而成，酒精度较低，为日本的国酒。一样是用米来酿酒，其他国家酿的都是简单的米酒，日本人却不停地将过程繁复精致化，造出口感细致、举世无双的清酒。

2.1　日本清酒行业的发展现状

清酒（酿造酒）是在日本以米、米曲和水发酵而成的一种传统酒类，又称为日本酒（Nihonshu）或只称为酒（Sake），酒精度平均在 15%左右。日本从北到南总长三千多千米的土地上，不同地区气候各异，温度带、地域带的不同以及水源、米质和酿酒技术的关系，所孕育出来的酒风味与风情也不尽相同。日本约有 2000 家酿酒厂，产品种类多达 10000 余种，部分品牌如图 2.1 所示。

图 2.1　日本清酒品牌

现在日本的清酒，根据其原料和制法以及 1990 年日本政府颁布的《清酒的制法品质表示基准》，大致可分为两大类，一类是“特定名称的清酒”，另一类是“特定名称以外的清酒”。第一大类酒再加以细分，则有吟酿酒、纯米酒和本酿造酒三类。第一大类一般称为高级酒。第二大类加以细分，还可分为加入酒精后使其增量的酒精添加酒和除酒精之外再加入其他调味液（如葡萄糖、饴糖以及乳酸、谷氨酸等混合在一起的物质）的增酿酒两类。增酿酒目前不会单独销售，它必须与其他酒类掺和在一起才可作为商品上市。第二大类一般称为普通酒，相对而言品质口感要差一些。如今在中国大大小小的日料店，即所谓“食放题饮放题”（也就是任吃任喝）的店家，人均价位在 200～500 元人民币，食物和环境或许有些不同，但提供的日本清酒都是品质较差的普通酒。真的要品尝日本佳酿，在这样的店里大概无法得到满足。目前，全日本约有 2000 家清酒酿造商，出口量有所增加，在日本本土的饮用量却在减少，原因是洋酒、啤酒的普及和后来日本烧酎（即烧酒）的崛起。其中，吟酿酒、纯米酒（包括纯米吟酿）和本酿造酒这三类酒目前在所有日本清酒（包括普通酒）中所占的比例分别是 3.4%、7.7%、19.4%。也就说，吟酿酒的产量最低，处于最高级的层面。

2.1.1　清酒的主要产地与特色

全日本的酒造皆使用当地特有的稻米和酵母，并以好水酿制出富有地方特性的清酒。下面将日本清酒按主要产地与特色划分为 9 种做简单的介绍，以了解各地酒质的特性和风味。

1. 北海道

皑皑白雪的北国气候十分寒冷，因此酿造清酒的过程较为缓慢；这里拥有优良水质，是相当适合酿酒的环境；即使是在夏天，气候依然凉爽，酒更能慢慢地酝酿出香气与鲜度。北海道的清酒经过长时间自然发酵而熟成，总体来说，酒质清爽且柔和。

2. 东北地区

这里包括东北地区首屈一指的日本清酒产地秋田县，其他还有青森、岩手、宫城、山形、福岛等县，该地区许多酒造都是全国新酒评鉴会中的“常胜军”，可见当地酿酒人的热忱与执着。东北地区气候依旧寒冷，使得酒能自然发酵熟成，口感倾向清爽圆润的风格。

3. 关东地区

这里是邻近日本东京的都会区，包括茨城、栃木、群马、埼玉、千叶及神奈川等县，酒造数量不及其他区域多。关东地区酿酒场最多的县是茨城县，它也是闻名的日本清酒产地。以消费大都市东京为中心所出产的清酒，大致上都走轻快、淡雅的路线，酒质清澈。

4. 甲信越地区

范围包括山梨、长野及新潟县。新潟县被誉为地酒王国，当地产的清酒味道鲜爽、酒质辛辣；长野县坐落于山峦怀抱中，由于使用独特的阿尔卑斯酵母，该地的清酒酒质呈现香气浓郁的特征；山梨县的清酒口味显得较为圆润。

5. 北陆

北陆三县为富山、石川、福井县，拥有历史相当悠久的酒造。该区域所产的清酒各自有不同的酒质与特色，例如，富山县的清酒口味鲜爽，石川县的清酒口味浓郁，福井县的清酒圆润绵柔，这三个县的清酒最适合搭配海鲜。

6. 东海地区

该区有岐阜、静冈、爱知、三重等县，其中最负盛名的日本清酒产地是静冈县，其多使用静冈酵母酿制清酒。而其他的三个县所产的清酒口味稍甜，风味相当特别。例如，爱知县的清酒，浓郁醇厚是它的特点，因为当地人偏好较浓的口味。

7. 近畿

近畿包括滋贺、京都、大阪、兵库、奈良、和歌山等县。目前该地区酒造鳞次栉比，现为日本最大、最著名的清酒产区，产量约占全日本产量的三分之一。近畿兵库县的日本清酒产量全国第一。

8. 四国

四国涵盖德岛、香川、爱媛及高知等县。四国人以爱酒闻名，所以酒造特别多，酒质甘甜柔和；而高知县的酒则辛辣爽口且性格粗犷豪放。

9. 九州

地区包括福冈、佐贺、熊本、大分、宫崎等县，熊本县为吟酿酒酿造所不可缺少的熊本酵母的发源地。浓郁、甜润、酒质柔滑细致是九州清酒口味的主流，但唯有熊本县，口味辛辣的酒比较多。

2.1.2 日本清酒的销售情况

据日本农林水产省的统计，2006 年以来，日本清酒的出口量一直呈增长趋势。近年来日本料理在海外日益受欢迎，2015～2017 年，日本在海外供应日本料理的餐馆数量从 89000 家增加至 118000 家，使得日本清酒出口量再创新高。2017 年，日本清酒出口量首次超过 20000 千升，达到 23481 千升，同比增长 19%。目前，美国为日本清酒的最大出口市场，出口量占据总出口量的 25%，其次是韩国、中国。

全日本大米·大米相关食品出口促进协议会、中国食品工业协会、日本料理普及促进会共同主办的“第二届亚洲国际美酒大赛暨 2019 年度 SAKE-China 日本清酒品评会”和第一届一样均在北京举行。据了解，日餐近几年在中国发展迅速，且日餐搭配清酒，所以清酒销量也有大幅增长。2017 年日本清酒在中国的销售额为 1.2 亿元，2018 年 1 月～6 月便达到 1.1 亿元，增长幅度很大。

据日本 TBS NEWS 报道，2017 年整年的日本清酒出口额较上一年增加约两成，连续 8 年刷新最高出口纪录。2007～2018 年，日本清酒的出口额如图 2.2 所示。

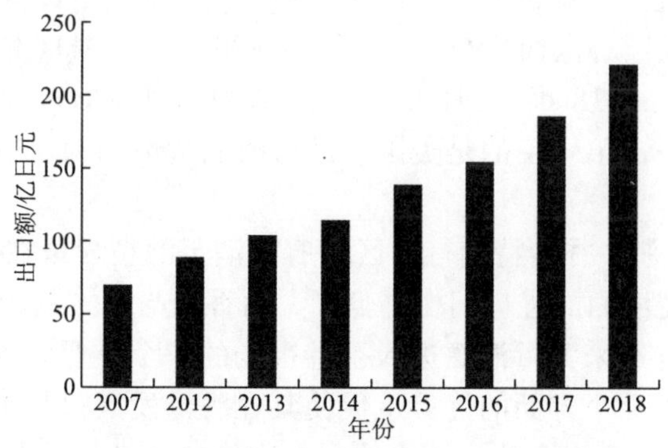

图 2.2　2007～2018 年日本清酒出口额

从图 2.2 可知，近年来日本清酒出口一直在快速增长。根据日本造酒工会中央会提供的数据，2017 年日本清酒出口额大约为 186.79 亿日元，较 2016 年增加了 19.9%。日本清酒在国内市场缩小的情况下，除了各酿酒厂家投入力量增加出口之外，海外的日本料理餐厅增加也是带动日本清酒出口猛增的主因之一。

从出口目的地来看（表 2.1），2017 年销量和销售金额第一位是美国，并且 2018 年相对于 2017 年在销量上增加了 171 千升，销售金额增加了 2.74 亿日元。从增长趋势上看，中国在 2018 年的增长趋势惊人，销量增加了 805 千升，销售金额增加了 13.27 亿日元，销量和金额再度打破纪录；就数量而言，转换成单瓶（1.8 升）时，销量约为 230 万瓶。同时，随着橄榄球世界杯、东京奥运会相继在日本举办，日本推测 2019 年以后越来越多的游客将会涌入日本。在此背景下，日本造酒工会中央会认为，这些都将是日本清酒抛头露面的好机会，是外国人接触日本清酒的好时机。

表 2.1 清酒出口销量和销售金额排名前三的国家

国家	销量/千升		销售金额/亿日元	
	2017 年	2018 年	2017 年	2018 年
美国	5780	5951	60.39	63.13
韩国	4789	5351	18.64	22.12
中国	3341	4146	22.60	35.87

日本清酒出口到我国内地的销量的确呈现强势增长态势，由于体量不大，所以增加的比例比较大，如 2017 年出口我国内地的日本清酒增加了八成以上。我国香港地区一直是日本清酒出口的主要市场，也一向是日本推动清酒出口的主要市场。尽管我国香港面积小，人口不到 800 万，但据日本国税厅酒税课的最新数字显示（至 2018 年 12 月），在日本清酒的世界出口价值中中国香港仍然是第二大区域，占第一位的是美国，进口清酒货值约为 37.74 亿日元（约港币 2.698 亿元）。

自 2008 年以来，香港特别行政区政府取消了酒精含量在 30%或以下酒类饮料的酒税，这使清酒的进口门槛降低了，而香港与日本的距离短、运输成本和运营成本低是近年来大量清酒进入香港市场的一个重要因素。另外，日本清酒在香港还有如下几个方面的优势也促使其在香港发展得越来越好。

1）日本料理的人气上升：日本的和食文化在香港可谓非常盛行，在香港经营日本料理的投资者，其业务发展非常健康。2018 年，香港各式繁盛的日本料理店再度涌现，其酒单中大多超过六成选酒是纯米大吟酿，纯米吟酿只勉强占少量。而香港酒客对酿造酒格外钟情，对日本清酒的好感与日俱增，香港酒客成为日本清酒爱好者的人数也明显增加。在香港的日本料理酒单中平均约有 16 款日本清酒供客人选择，其中吟酿酒和纯米大吟酿特别受欢迎而成为畅销商品。因此，日本料理在香港的普及为日本清酒的销售提供了发展良机。

2）网上营销渠道扩大：近年来，香港的联网智能电话数目显著增长。除传统营销工具以外，智能电话及互联网的大量普及为日本清酒销售经营者进一步发展业务提供了一个潜在的机遇。

3）备受年轻人青睐：年轻人更喜欢外出用餐，且更倾向于品尝新品及特色美食。因此，与传统酒款相比，崭新口味、包装独特、能搭配多种不同料理的清酒，将能够吸引更多年轻消费者。

UMAI 杂志于 2018 年 11 月向 683 位香港读者做问卷调查，以收集他们对日本清酒的选择喜好和探访日本酒藏的意欲，结果如图 2.3 所示。

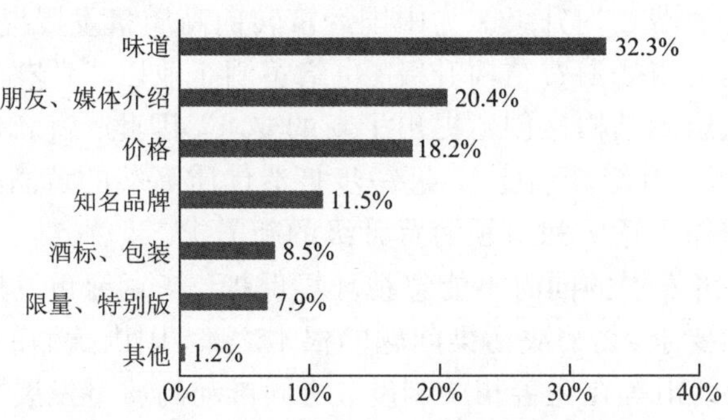

图 2.3　购买日本清酒的选项因素调查结果

从图 2.3 所示调查结果可见，购买日本清酒的消费者普遍会以其喜欢的“味道”先行，然后是朋友、媒体的推荐。而“产品的品牌和包装”的选项比例相对较低，可见香港的消费者并不是盲目追求并且愿意接受新产品。因此，香港的分销商可以考虑通过试饮会向消费者介绍其代理的清酒，或是推广新的品牌。

随着香港老龄化的社会周期，消费力减少，以及由于人们健康意识的提高，饮酒的人数正在减少，包括日本清酒在内的酒精类饮品，销量可能会受到限制。在未来，质量将比以往任何时候都更加重要，所以，许多公司也在加强雇员有关清酒知识的专业培训，并考虑利用他们在香港市场获得的专业知识，将其部署到亚洲市场继续发展。

2.2　黄酒行业发展面临的战略背景和发展趋势

2.2.1　黄酒行业发展面临的战略背景

1. 经济平稳运行为行业健康发展提供支撑

当前，我国经济以五大发展理念为引领，深入推进供给侧结构性改革，经济运行稳重有进、稳中向好。经济规模的稳步扩大和平稳运行，为黄酒行业提供更大的发展空间，减小了市场大起大落的风险。同时，酒类行业也将按照新的发展理念，深入推进供给侧结构性改革，更加注重提质增效和创新转型。

为了维护经济平稳增长，国家将促进形成强大的国内市场，持续释放内需潜力，充分发挥消费的基础作用，稳定国内有效需求，为经济平稳运行提供有力支撑。因此，在庞大国内消费需求面前，整个黄酒产业将会呈现高速发展态势。

根据相关数据显示，中国超大规模的内需消费市场已经启动，其中中等收入群体近 4 亿人，形成了追求创新和变化、更加偏好新产品和新体验的消费文化。由此带来的消费结构升级，为中国经济转向高质量发展提供了动力支撑。这样的大规模内需市场消费结构升级，也给黄酒企业以“工艺创新、酒体创新”为核心内容的供给侧结构性创新提出了新的要求。因此，黄酒企业需要致力于“补短板，拉长板，升级新动能”，进一步打造优质高端的黄酒品牌，满足人们对美好生活的向往，适应和引领消费升级的新需求。

当然，在经济发展的同时不能忽视环境保护，毕竟绿色发展是构建现代化经济体系的必然要求，是解决污染问题的根本之策。国内黄酒的一些龙头企业，如古越龙山、会稽山等在完善相关制度、协同推动高质量发展与生态环境保护的同时，必须坚持生态优先、绿色发展的理念，像呵护生命一样保护生态环境，高起点规划、高标准打造以酿酒生产为主导，集特色生态、文化体验、工业旅游为一体的世界级一流产业园区，建成全国黄酒行业绿色发展的新标杆。

2. *居民消费升级为行业转型发展带来机遇*

我国居民消费动力增强和消费结构升级，将带动大众化、个性化消费快速发展，品质化、品牌化消费显著增加，健康、文明的消费理念普遍形成。

同时，青年消费群体发生变迁。随着 2018 年第一批 00 后正式宣告成年，中国 1.88 亿 90 后已经全部成年并步入社会，作为中坚力量的 90 后，成为消费的主力军。北京工商大学“青年酒类消费研究”课题组于 2019 年 1 月启动项目调查。调查结果显示，中国青年人群普遍认为“饮酒是一种生活情趣”“饮酒能够调适心情”，非常认同与比较认同的占比总和分别为 68%与 72%。对于 90 后青年消费群体来说，消费多样性和个性化、注重养生和超前消费是其主要特点。

麦肯锡的数据预测，到 2022 年，中国城市家庭消费中等收入及以上群体将达到 81%，将成为中国消费升级的最主要贡献者。顺应我国消费升级的趋势，黄酒企业将改变以往粗放式的发展模式，加快创新型发展，进一步丰富产品供给，优化产业结构，提升产品品质。

3. *酒文化缺乏宣扬与引导*

文化是最具感染力的，中国黄酒就是中国传统文化的结晶和继承。作为中国消费主体中青年消费群体不可或缺的一部分——小镇青年，更加注重物质消费背后的精神享受，看重商品背后的文化意义，愿为商品的象征价值买单，即正在从物质型消费向精神型消费转变。然而在我国，博大精深的黄酒文化并未与餐饮、科普等相结合，融入消费文化、消费场景、消费方式中去。

由此看来，加大黄酒文化的宣扬力度，使饮酒礼仪化、场景化、科普化，是实现品牌发展的重要基础，也是助推海外市场的有效途径。

第十三届全国人民代表大会第二次会议的政府工作报告中明确提到："加强文物保护利用和非物质文化遗产传承。推动文化事业和文化产业蓬勃发展，提升基层公共文化服务能力"，把文化产业和旅游产业提升到"国民经济支柱性产业"和"战略性支柱产业"的战略高度。积极发展文化旅游，发挥旅游对文化消费的促进作用。

虽然，酒业与旅游业结合较早，三十年前已有部分名优企业建立了博物馆和旅游项目，但在近十年，旅游产业才逐渐深入酒业发展过程。目前，酒业文化旅游开发多数以保护酿酒遗产为核心，展示传统和现代化生产景观，同时为游客带来生产体验。总体上，酒业文化旅游还处在初级阶段，整体水平不高，尚未形成产业规模。尤其表现在，除个别博物馆外，绝大多数酒文化博物馆还处于门庭冷落的状态，影响力较低，对品牌、文化的支撑作用有限。

4. 行业竞争激烈

2016 年，白酒行业实现逆转，从深度调整转向复苏，尤其是高端酒，更是迎来了一股涨价潮。相对复苏增长的白酒行业，黄酒行业业绩却不理想，三支黄酒股表现也相对比较疲软。

黄酒行业中，古越龙山、会稽山、金枫酒业是行业三强。古越龙山 2017 年三季报显示，公司前三季度实现营业收入 11.87 亿元，同比增长 5.89%，归属于上市公司股东的净利润 1.02 亿元，同比增长 6.88%。会稽山 2017 年三季报显示，公司前三季度实现营业收入 7.59 亿元，同比增长 26.69%，归属于上市公司股东的净利润 9842.12 万元，同比增长 32.86%。金枫酒业 2017 年三季报显示，公司前三季度实现营业收入 6.7 亿元，同比减少 11.04%，归属于上市公司股东的净利润 4867.3 万元，同比减少 11.73%。

三家上市公司 2017 年的三季报显示，会稽山营业收入、净利润增长较为迅速，而古越龙山增速平缓，金枫酒业则业绩疲软。从三家公司的股价表现来看，古越龙山全年跌 8.3%，会稽山跌 17.3%，金枫酒业跌 22.6%，相较水井坊、五粮液、山西汾酒、贵州茅台、沱牌舍得、泸州老窖年内至少 100%，最多高达 144.9%的涨幅黄酒股表现并不突出。

目前，黄酒行业处在品类竞争阶段，即黄酒作为饮用型酒种，要同时与啤酒、白酒、葡萄酒等品种竞争。黄酒行业的发展思路是，高端与葡萄酒竞争，低端与啤酒竞争，但情况很不乐观。从饮用接受度上，黄酒甚至不如保健酒。另外，随着中国加入世贸承诺的兑现，进口酒关税逐年降低，洋酒渗透速度加快。2016 年，二三线城市洋酒销量迅猛增加，对中国黄酒形成较大威胁。同时，国内行业竞争愈加激烈，可分配资源也更少，随着市场空间越来越拥挤，市场前景越不明朗。黄酒作为我国传统行业，许多资源都已被瓜分，想要在现有的条件下获得较大幅度的增长难度较大。因此，必须开辟蓝海市场，寻找新的利润空间。

5. 法规标准不完善

商务部制定发布了《关于“十三五”时期促进酒类流通健康发展的指导意见》，提出了下一阶段酒类流通行业的发展目标和任务。但目前酒类行业存在的一个突出问题是缺乏全国性的酒类法律法规，导致出现市场准入门槛过低、市场秩序不规范等问题。同时，酒类标准也有待完善，尤其是在鼓励酒类企业“走出去”的过程中，亟需将国内酒类标准与国际接轨。

目前，酒类行业在法规标准方面存在的问题，主要包括缺乏准入标准，地方保护严重，存在较多非法企业；管控不力，市场竞争无序，制假售假屡禁不止；酒类消费缺乏规范，引发一系列社会问题，等等。

为使黄酒行业健康发展，随着国家“一带一路”走出国门，酒类法规标准体系亟需进一步健全。

6. 信息技术进步为流通模式创新创造条件

大数据、云计算、物联网、人工智能等信息技术迅猛发展，加速了传统酒业生产、管理和营销模式变革。新的流通技术、流通设施、流通模式的出现，为酒类流通企业开展模式创新创造了条件。

从整体而言，黄酒市场正在不断扩大，从原来的江浙沪地区逐渐向全国范围辐射。产品消费结构也从低档的袋装、桶装黄酒向中高端瓶装产品升级；消费人群也从之前的中老年人向年轻人扩展。

在线上酒水销售总量突飞猛进的同时，黄酒的涨幅明显，黄酒的线上销售实现了超过 130%的规模增长。在电商平台的助推下，黄酒的线上销售迎来爆发式增长。据京东数据显示，黄酒的线上消费过去主要集中在传统黄酒消费地江浙沪三省和北京，但随着电商平台的介入，以“健康、低度”的形象塑造黄酒，使得越来越多地区的人愿意尝试黄酒。

7. 黄酒的全国化趋势正在逐步形成

长期以来，大家一直把黄酒定位为区域化产品。经过多年的努力，目前甘肃、河南、山东、福建、陕西等省黄酒企业实现了社会效益、经济效益双丰收，说明黄酒产业在全国化发展上取得了一定突破。例如，福建的红曲黄酒连续两年高速增长，利润率远远高于传统的黄酒。黄酒全国化的发展趋势正在形成，市场扩容已成共识，消费者教育和把握文化自信也成为行业发展的突破口。

8. 黄酒龙头企业积极推进品牌建设

绍兴黄酒集团承办了第 24 届绍兴黄酒节暨首届中国（国际）黄酒产业博览会，冠名 2018 女排“世俱杯”，积极参与“2018 越马”与绍兴发展大会等，进行双品牌联手，参与西泠秋拍，推动黄酒价值回归。

“味蕾上的江南”，江苏张家港酿酒有限公司高调赞助中国中央电视台 2018 中秋晚会。2019 年 1 月 28 日，“中华老字号故宫过大年展”，在故宫博物院慈宁宫花园、慈宁门外广场举办。会稽山作为首批“中华老字号”企业，走进故宫，向中外游客推广中华民族传统文化，宣传中国品牌力量，让游客感受中国黄酒的独特魅力。

金枫酒业走进智慧故宫，从上海来到北京，从“石库门”到“天安门”，从“海派”到“正统”，传播黄酒文化，探索跨界与文创，将品牌营销融入现代创意，助力老字号品牌创新发展。

2.2.2　黄酒行业的发展趋势

1. 黄酒行业龙头企业发挥带头作用

依托品牌基础的建立，黄酒龙头企业纷纷将新的目标集中到产品结构的调整上，通过聚焦核心单品及品牌，提升优势资源的投放力度及效果。

2. 标准体系不断完善，推动黄酒行业发展

提升行业生产水平、技术水平、管理水平，促进黄酒行业多元化发展，积极推动繁荣黄酒市场，促进黄酒行业技术质量进步和产业的发展。

3. 黄酒产品精准定位

科学做好文化定位与产品层次定位。要解放思想、放开思维，鼓励不同区域、不同特色的黄酒发展，真正实现百花齐放，满足消费需求。

4. 风味和健康双导向研究，将是黄酒产业未来的导向

风味是产品个性的核心，是消费者忠诚消费的核心。健康是黄酒价值的重要体现。通过新消费、新体验、新标准、新导向，倡导消费者饮用黄酒。

5. 消费升级带来的机遇

消费水平的提高，消费习性的改变，推动黄酒产业创新变革。近年来，随着生活水平的提高，人民群众日益注重健康观念，健康成为更多消费者选择酒类的重要指标。而古老的黄酒因其独特的健康属性，有望成为消费者的心头好。

6. 业外资本的涌入也将为黄酒行业注入新动力

一方面，产品升级新思维，打破黄酒传统的低端形象，以创新产品定位及渠道拓展开拓市场；另一方面，通过资源整合，打破黄酒区域壁垒。世界500 强企业恒力集团、中国 500 强企业步步高集团先后进军黄酒行业，通过并购等形式分别成立苏州同里红酿酒股份有限公司、苏州十一点八度酒业股份有限公司。

7. “产业集群”将推动黄酒产业的发展

产区地域也是获得消费者认知的重要路径之一。与白酒、葡萄酒一样，黄酒与产区也密不可分，根据风土、原料、贮存等，可以打造不同个性化的产品，因此，黄酒行业应上升到特色区域集群建设上，集中各种积极力量，发挥特色区域引领作用，扩大消费认知空间。

在 2018 中国国际酒业博览会（秋季）期间，经过大数据库筛选，不少黄酒、果露酒、白酒、葡萄酒产区成功入围了世界特色美酒产区名单，无疑这对黄酒产业产区的建设进行了有效的推动。产区已成为黄酒产业高质量发展不可或缺的重要推动力。

2.3 改革开放以来，黄酒取得的成就

2.3.1 经济指标

改革开放以来，随着人民生活水平的不断提高，黄酒产品产量逐年攀升。20 世纪 80 年代为快速增长期，90 年代达到鼎盛期，黄酒产量以平均年增长16%的速度快速发展，2007 年之后，保持平稳增长趋势，截至 2018 年底，我国规模以上黄酒生产企业共计 139 家（表 2.2），实现主营业务收入 167.45亿元。2013～2018 年以来，黄酒产业的规模和经济指标见表 2.3。

表 2.2 2018 年规模以上黄酒厂家分布情况

产区	企业数量/家	总销售收入	产区	企业数量/家	总销售收入
浙江	80	51.15 亿元	河南	18	3.37 亿元
江苏	18	13.87 亿元	甘肃	3	1.36 亿元
安徽	5	8.07 亿元	江西	1	0.60 亿元

续表

产区	企业数量/家	总销售收入	产区	企业数量/家	总销售收入
上海	2	6.89 亿元	湖南	1	0.23 亿元
山东	3	3.64 亿元	四川	1	1024 万元
福建	6	3.28 亿元	云南	1	14.4 万元

表 2.3　2013～2018 年黄酒行业的规模与经济指标

项目	2013 年	2014 年	2015 年	2016 年	2017 年	2018 年
规模以上企业数量/家	—	104	108	110	121	139
产量/万千升	—	75.28	297.17	289.05	350.46	—
主营业务收入/亿元	153.91	158.56	181.94	198.23	195.85	167.45
利税总额/亿元	27.96	26.92	29.74	18.60	20.74	—
出口额/亿美元	0.24	0.25	0.24	0.24	0.25	—

注：2015～2017 年黄酒产量数据为黄酒和其他酒总和，不包括白酒、啤酒、葡萄酒和酒精；2016～2017 年黄酒利税总额数据为利润总额，不包括税金总额。

由表 2.2 可知，我国黄酒的主要产地为浙江省和江苏省，其次是安徽、福建和山东。河南虽然厂家较多，有 18 家，但规模都不大，2017 年总销售收入仅为 3.37 亿元。由表 2.3 可知，黄酒的出口额近年来保持平稳，最高值为 0.25 亿美元。与之相反的是，我国近年来进口的日本清酒却在逐年增多，2012～2016 年我国进口日本清酒的情况如图 2.4 所示。

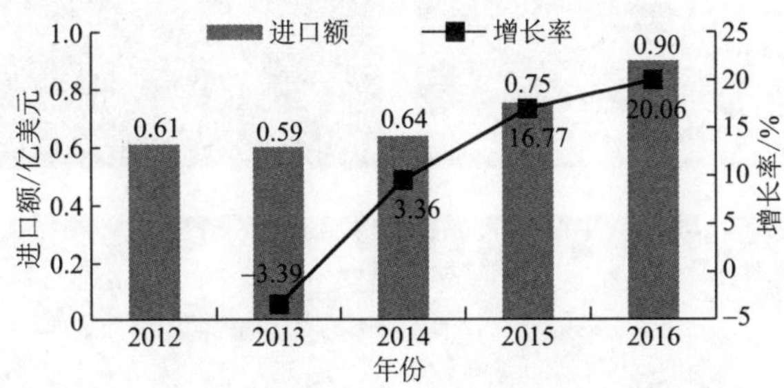

图 2.4　2012～2016 年我国的日本清酒进口量

由图 2.4 可知，2016 年我国进口日本清酒的总额高达 0.90 亿美元，是黄酒当年出口总额的近 4 倍。2017 年日本清酒在中国的销售额为 1.2 亿元，2018 年 1 月～6 月便达到 1.1 亿元，增长幅度很大。可见，日本清酒无论在国际市场，还是在国内市场，都是黄酒，甚至是白酒的主要竞争对手。

我国是世界上的酒生产大国、酒消费大国和酒文化大国。其中，黄酒是国际酒种中承载文化底蕴最深厚、文化内涵最丰富的酒种之一，这是其在中国经久不衰的核心竞争力，也是走出国门的强大优势。

近年来，黄酒借助中国文化的力量不断夯实在国际市场上的影响力，在国家相关部门和行业协会组织下，形成合力开拓国际市场。但与日本清酒相比，我国黄酒的海外市场竞争力远远不够。从全球酒业的角度来看，2017 年，我国黄酒行业出口贸易在国际贸易市场中的占比也仅在 0.04%左右。黄酒行业需要通过流通模式的不断转型、行业集中度的进一步提高、酒文化精髓的注入，跟随“一带一路”倡议，改善“走出去”的环境，加快国际化进程。

2.3.2 生产工艺

早在商周时代，中国人便独创出酒曲复式发酵法，开始大量酿制黄酒。

目前黄酒以大米、黍米、粟为原料，采用半固态法和液态法生产工艺，其生产工艺流程、生产装备和调查问卷如图 2.5～图 2.7 所示。

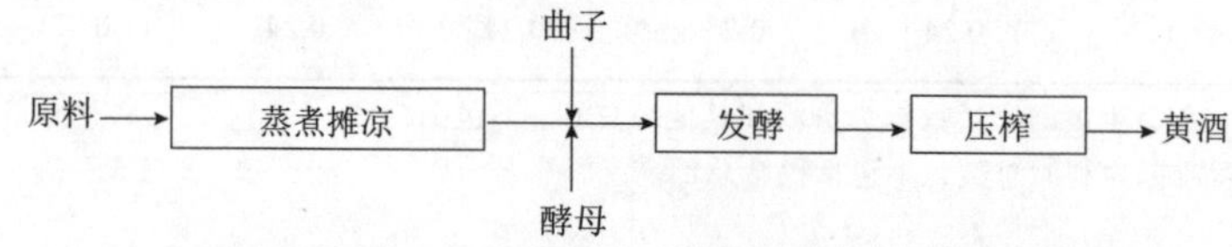

图 2.5 黄酒生产工艺流程图

（a）制曲 （b）发酵 （c）储存 （d）包装

图 2.6 黄酒生产装备

第11题　黄酒的生产工艺来说，您认为目前的现状如何？[多选题]

选项	小计	比例
完全手工操作	3	2.68%
部分实现了机械化，如__等环节	69	61.61%
完全实现了机械化	28	25%
实现了信息化	24	21.43%
实现了智能化	39	34.82%
其他	0	0%
本题有效填写人次	112	

图 2.7　黄酒生产工艺的调查问卷

经过长期的发展，特别是近几十年来，黄酒生产技术取得了一系列重大突破，生产规模不断壮大，生产方式不断进步。20 世纪 70 年代，黄酒行业发起机械化、大罐发酵、黄啤合一等技术革新，部分企业在蒸饭、大罐发酵、压榨和煎酒等工序实现了机械化。如图 2.7 调查问卷所示，黄酒酿造大部分工艺实现了机械化，少数企业完全实现了机械化，有的企业甚至实现了信息化和智能化。与此同时，黄酒工业发生了巨大变化，已经实现了从传统工业向现代工业的过渡，行业机械化、信息化和智能化水平较高。

经过不断发展，近年来中国黄酒行业整体水平有了新的提高，经济指标步步攀登，品牌塑造大大提升。黄酒行业龙头骨干企业古越龙山、会稽山、金枫酒业等不断做强做大，发展迅速。2016～2017 年三个代表性企业的经营情况见表 2.4。

表 2.4　2016～2017 年三个代表性企业的经营情况

厂家	2017 年				2016 年			
	营业收入/亿元	同比增长/%	净利润/万元	同比增长/%	营业收入/亿元	同比增长/%	净利润/万元	同比增长/%
金枫酒业	9.87	−8.23	5518.46	−18.00	10.75	0.77	6729.55	−13.25
会稽山	12.89	22.91	18194	28.62	10.49	14.62	14146	24.43
古越龙山	16.37	6.65	16434	34.57	15.35	11.58	12212	−8.38

2.3.3　科技创新

近 40 年来，黄酒行业在基础研究方面取得较大突破，在酿造技术与装备等方面有了较大的改进，使得黄酒在扩大产能的同时，有效保障了黄酒的品质与传统风味。2013 年至今，与黄酒相关的中英文学术文献有 2028 篇，近 5 年年均黄酒 56.4 篇，申请黄酒相关专利 866 项，包括国际专利 3 项。近 20 年来，黄酒的年度专利申请情况如图 2.8 所示。

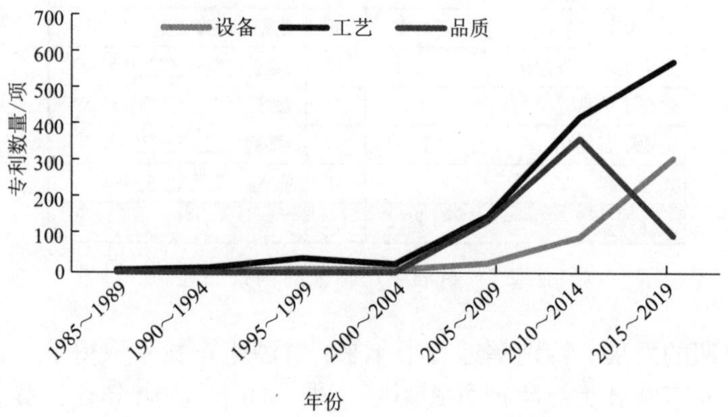

图 2.8　近 20 年来黄酒的年度专利申请情况

黄酒的标准也在不断完善，2019 年 4 月 1 日起，新版黄酒国标正式发布，新国标将黄酒的英译名正式改为黄酒的汉语拼音“Huangjiu”。相比 2008 年版黄酒国标，新国标对一些术语、技术要求、检验规则做出了调整，增加了苯甲酸指标，取消了氧化钙与菌落总数指标。黄酒英文名字的修改，体现了黄酒是中国特有的酒种，是中国的国粹，有利于黄酒产品与国际接轨，走向全球市场。

目前，黄酒的很多科研成果也获得了国家级和省部级奖励。例如，2017 年江南大学毛健教授主持的“黄酒绿色酿造关键技术与智能化装备的创制及应用”获国家技术发明奖二等奖。

黄酒行业取得的其他成绩有，市场空间不断扩大，全国化趋势逐渐形成，使得甘肃、河南、山东、福建、陕西等省黄酒企业实现了社会效益、经济效益的双丰收；随着消费者对黄酒的需求从“单纯嗜好”向“营养保健”转变，黄酒“品牌化”“高端化”趋势日渐明显；产品结构日趋合理，建成了新型的适合市场经济的黄酒管理流通模式。

2.4　需要解决的关键科学问题与技术

1. 坚持“风味、健康双导向”，解析黄酒多菌种发酵的机理

黄酒为多菌种共同发酵，酿酒微生物群落的演变规律、核心微生物的组成及代谢机理尚不明确，导致智能化改造缺少基础研究技术支撑，产品品质不稳定，优质酒产率低。黄酒酿造过程涉及细菌、真菌等多种微生物，已有研究人

员从绍兴黄酒麦曲中筛选到真菌 12 株、酵母 11 株，包括青霉属、毛霉属、曲霉属、红曲霉属、枝孢属、毕赤酵母属、酵母属、假丝酵母属等不同属的微生物。它们可利用酿造原料中的营养物质进行繁殖并代谢出大量物质，包括各种酶类、有机酸、多肽类、氨基酸等，对酒的酿造具有重要作用。黄酒中的风味物质或特殊功能因子与酿造微生物存在密切关联。当前，黄酒酿酒微生物的相关研究仍处于初级阶段，人们对黄酒酿造微生物群落的复杂性及变化规律认识仍较为粗浅，缺乏更深层次的解析和代谢调控研究。

2. 提高饮用舒适性是黄酒产业需要解决的关键科学问题之一

饮用舒适性是影响黄酒消费者喜好性的重要因素，黄酒难以在全国范围推广的一个重要原因是饮用舒适性较差，与葡萄酒和啤酒等酒种相比有明显的不足。

黄酒饮用舒适性不足主要体现在两方面：一方面是饮用时入口舒适性不足；另一方面是饮后舒适性不足，易“上头”和深醉。黄酒舒适性问题一直以来没有受到人们应有的重视。有研究报道，黄酒中高级醇、生物胺等物质容易引起饮用后的不舒适性，如何有效对影响黄酒饮后舒适性物质解析及调控，是黄酒行业亟需解决的重要课题之一。

3. 黄酒麦曲的生产智能化水平有待提升

黄酒传统麦曲的生产制作普遍仍处于传统手工阶段，生产环境依赖气候变化，不同批次生产的麦曲品质不稳定。当前，已有部分黄酒企业实现了麦曲机械化生产，生产效率相比传统工艺有所提高，但是仍然存在生物模拟度低、制曲工艺参数控制粗放、无氧气控制系统、酒体风味有差异等问题，对麦曲制作过程中温度、湿度、氧气的变化规律以及麦曲微生物群落的复杂性认识不足，迫切需要解析麦曲制作过程中微生物群落演替与环境因子（温度、湿度、氧气、容器、地域等）的相关性，研发制造智能制曲装备，实现温度、湿度、氧气自动控制，仿真自然制曲环境变化过程，实现仿真制曲。

4. 黄酒连续化酒糟分离新技术开发

当前黄酒行业酒糟分离普遍采用板框压滤方式，压榨过程工人劳动强度大，设备占地面积大。以某企业年产 2 万吨机械化黄酒车间为例，需要配置过滤面积为 65 m^2 的板框压滤机约 40 台，厂房面积约 1000 m^2，需要操作工人 8 名，每天工人要拆卸 2 次板框，酒糟为人工方式卸料、输送，压榨工艺为间歇式操作，无法实现连续化生产，且压榨过程耗费时间长（最高达 12 h）。此外，酒液暴露在环境中易造成杂菌污染等风险。

黄酒行业内迫切需要研发新型连续化、能够高效分离酒糟的新技术及装备，降低工人劳动强度，提升生产效率，实现黄酒生产全过程的连续化。

5. 黄酒安全控制技术开发

黄酒中影响安全性的因素主要分为两类：第一类是外源性的危害成分，主要为原料中的农药残留以及生产包装过程中引入的外源性杂质。这类物质对酒品质量危害往往比较直接，国家也有相关的规范进行限制，而企业通过严格的规章制度和完善的操作可以杜绝此类物质对酒品质量的危害。第二类是黄酒酿造、陈酿过程中微生物自然代谢或酒体自身化学反应形成的潜在危害性物质，主要有氨基甲酸乙酯（EC）等。这类物质往往伴随黄酒生产过程而自然生成，对其含量控制往往存在极大的挑战。随着消费者对黄酒中 EC 关注度的逐步提高，解决 EC 问题的需求也愈加迫切。

6. 黄酒绿色酿造新技术和工艺的开发

我国传统黄酒酿造工艺中的浸米和蒸饭过程存在废水排放量大、能量消耗高、废水处理困难的问题。在如今水资源、能源日趋紧张，环境保护标准快速提高的背景下，黄酒酿造过程中的高水耗、高能耗以及废水处理困难的问题是目前我国黄酒工业面临的严峻挑战。为了应对这一挑战，以黄酒酿造过程的节能减排为目标，针对传统黄酒酿造过程中浸米和蒸饭工艺环节存在的问题，开发绿色制造技术和工艺非常有必要。

2.5 实现可持续健康发展的技术路线

1）解析黄酒酿造机理，坚持“风味、健康双导向”，明确酿造微生物和风味、功能成分之间的关系，将宏基因组学、风味组学、代谢组学等组学技术进行整合，采用原位筛选、高通量筛选、生物信息学分析等新技术和实验、计算方法研究微生物群落系统的构成、动态、功能与调控，进而实现原材料可控、微生物可控、产品品质可控。

2）解析及调控影响黄酒入口舒适性物质。技术路线主要包括：①建立黄酒入口舒适性评价体系，阐明黄酒风味特征，阐明关键风味物质及其最适浓度，阐明异香异味物质及其控制浓度；②提高黄酒饮后舒适性，阐明导致黄酒易上头深醉的主要物质，建立相关物质的发酵调控技术。

3）在深入解析和掌握我国传统黄酒麦曲制作工艺机理的基础上，创制研发黄酒智能化制曲工艺技术与装备。技术路线主要包括：①通过最新高通量测序技术、宏基因组学技术、代谢组学技术等手段，在种水平上解析麦曲微生物群落结构及代谢网络，阐明以温度、湿度、氧气为核心驱动力的麦曲微生物群落形成过程；②研发微生物群落定值驯化技术，通过精准控制环境条件，缩短麦曲发酵时间，所制备的麦曲与黄酒传统工艺麦曲微生物群落结构、风味物质的相似度达到 80%以上，在酿酒过程中能够有效保持与原有工艺酒醪微生物群落结构、风味物质组成的一致性。

4）解析黄酒发酵醪液的物性特点，研发适用于黄酒发酵醪液的新型分离技术及装备（如卧式螺旋沉降离心机等设备），取代传统板框压滤机用于分离酒糟，实现黄酒生产过程的连续化。

2.6　政 策 建 议

1）建议国家设立科技专项，加大研发资金投入。鼓励相关机构和单位进行科技攻关，产学研合作，解决传统酿造黄酒行业内关键共性科学问题和技术难题。

2）建议国家对黄酒技术改造工程项目提供金融优惠政策、专项项目支持，鼓励企业投资发展黄酒项目。目前，我国黄酒行业项目投入高，产品经济效益低，投资回收期较长，建议国家为黄酒技改项目提供低息贷款或减免税收等优惠政策，鼓励民间资本投资黄酒行业，把我国传统黄酒产业做大做强。

3）建议国家加大对中华传统酿造黄酒技术人才的培养，建立人才评价体系，修订相关国家标准与国际市场接轨，强化行业协会的作用，引导企业把握“一带一路”倡议所带来的机遇。

4）建议国家加大对行业协会的支持力度，强化行业协会的桥梁作用。以行业协会牵头制定团体或行业标准，规范企业生产经营行为。行业协会作为沟通生产企业与政府的桥梁，能够促进酒类商品市场流通，保护合理竞争，打击违法行为。

第 3 章　酱油和食醋行业技术与装备发展战略

3.1　酿造酱油食醋行业发展战略背景研究

目前，世界范围的调味品行业蓬勃发展，为国际食品行业的繁荣和全人类的饮食健康做出了突出贡献。调味品产品种类不断丰富、品质不断提升，满足了人们日益增长的调味需求。

从食品工业的发展速度来看，随着人们生活水平的提高，调味品产业进入了繁荣期，新产品层出不穷，也带来激烈的市场竞争。调味品的发展势头迅猛，市场发展空间巨大。伴随着调味品产业的发展壮大，循环利用、节能减排和废物再利用等，逐渐被提上了日程，兼顾安全和卫生、营养和健康的调味品成为新时期的发展方向。

3.1.1　全球经济增长为调味品行业带来发展机遇

联合国于 2019 年 1 月发布的 *World Economic Situation and Prospects* 报告中指出，随着全球金融危机带来的经济脆弱性逐渐消退，世界经济增长态势正在逐渐加强，2017 年和 2018 年，一半以上的世界经济体经济增速加快。两年中，发达经济体以 2.2%的速度稳定增长，东亚和南亚地区继续保持相对强劲的增势，2018 年增长率分别达到 5.8%和 5.6%。2018 年，全球经济增长稳定在 3.1%。在适度通货膨胀压力、低利率和健康劳动力市场条件下，个人消费仍将是经济增长的主要推动因素。改善的全球经济状况为食品产业发展提供了机遇。

从全球范围来看，2018 年中国人均 GDP 增长速度处于较高增长水平。在对全球经济增长贡献中，2017 年中国的贡献约占三分之一，2018 年仍接近 30%。2018 年中国的经济增长率为 6.6%。结合中国国家统计局 2019 年 1 月公布的数据分析，2018 年中国居民人均可支配收入比上年名义增长 8.7%，扣除价格因素，实际增长 6.5%。同年，中国 GDP 同比增长 6.6%，与收入增速基本同步。居民收入增速与 GDP 增速持平、同步增长，说明居民切实享受到了经济增长带来的福利，这为促进食品行业，乃至调味品行业的快速发展提供了良好的契机。

2010 年，我国食品产业总产值约为 6.3 万亿元（9400 亿美元），如图 3.1

所示，首次超过美国 8019 亿美元，成为全球第一大食品产业。2017 年全国规模以上食品工业企业（不含烟草）累计完成主营业务收入 10.5 万亿元，同比增长 6.6%，实现利润总额 7015.6 亿元，同比增长 8.5%，是国民经济中最具活力的新兴产业和极具潜力的新的经济增长点。我国已经成为世界食品生产、加工制造和消费大国。

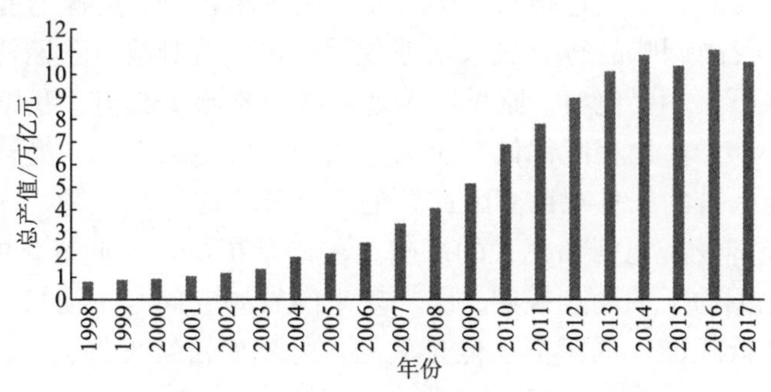

图 3.1　1998～2017 年中国食品工业生产总值

3.1.2　全球环境、资源与能源变化为调味品行业带来新挑战

在全球人口不断增长、气候问题日益严重、水土资源日益紧张、能源安全形势严峻的情况下，食品生产造成的环境、资源与能源问题已经成为全球普遍关注的重大问题。

1. 气候变化

气候变化是全人类共同面临的挑战。在当下全球变暖的环境下，一系列气候变化问题引发了国际争议，成为一项重要的全球性议题。2018 年 10 月，联合国政府间气候变化专门委员会（IPCC）发布《IPCC 全球升温 1.5℃特别报告》，报告结果显示，与工业化前水平相比，2006～2015 年十年间的变暖评估为 0.87℃（介于 0.75～0.99℃之间）；而 2017 年的结果显示，人类活动引起的全球变暖水平增加 1℃（介于 0.8～1.2℃之间）。报告称，按照目前人类的温室气体排放水平计算，地球最早将在 2030 年达到升温 1.5℃这一关口。

人类意识到气候变化对当下及未来将产生深刻影响，从 1979 年的第一次世界气候大会呼吁保护气候算起，已经有 40 年的时间了。自 1992 年《联合国气候变化框架公约》通过以来，有关应对气候变化的全球行动逐渐升级，直至 2015 年 12 月达成《巴黎协定》，确立了全球行动的目标，即将 21 世纪全球平均气温的上升幅度控制在 2℃以内，充分显示出全球面对气候变化采取共同行动的决心。气候变化所引起的后果也愈加严重，气候变化不仅会破坏自然生态系统，还会影响社会经济发展。IPCC 的报告则明确提出，想要避免温度上升更多，未来几年内就要进行广泛变革和快速而深远的转型。采取积极应对措施，发展低耗能、低污染、低排放的“低碳经济”，低碳技术成为新时期世界食品产业发展的主导模式。

2. 资源与能源变化

近年来，食品行业快速增长，伴随而来的环境污染、资源与能源高消耗问题日益严重。我国调味品行业收入增速放缓，在供给侧改革不断深化、环保监管加强的背景下，主要包材、原材料等普遍性成本显著提升。我国调味品企业普遍规模偏小，工业化程度偏低，能源消耗和环境污染严重，仍属于资源高耗型产业，节能减排的任务艰巨。因此，更应充分考虑气候问题、环保问题所带来的对未来经济发展规则和模式的影响，主动承担应对气候变化的环保责任，适应气候变化下的新的商业规则，谋求未来的发展空间与主动权。采取积极应对措施，发展低耗能、低污染、低排放的“低碳经济”发展方式。

3.1.3　传统文化输出提升我国传统酿造调味品的国际竞争力

在全球经济一体化的今天，积极实施“走出去”战略，充分利用国际、国内两种资源、两个市场成为传统酿造调味品产业发展的关键。在全球化时代的背景下，文化多样性日益显著。文化多样性为各民族文化的发扬提供了发展机遇。习近平同志在谈到坚持走中国特色社会主义文化发展道路时，尤为强调“提高国家文化软实力，要努力夯实国家文化软实力的根基”“要努力传播当代中国价值观念”“拓展对外传播平台和载体”“要努力展示中华文化独特魅力”，把“文化自信”提升到新高度。2013 年 12 月，习近平同志在主持中央政治局集体学习时强调：“提高国家文化软实力，要努力展示中华文化独特魅力。”

传统酿造调味品蕴含着丰富的中国历史文化，衍生出特色的醋文化、酱油文化等。不同调味品在菜肴烹制过程中搭配使用，又与中国传统“和合”思想相结合，形成了独具特色的调和文化，是中国饮食文化，乃至传统文化系统的重要组成部分。因此，现代的调味品加工和制作不应仅仅停留在科学技术的研发上，更应充分发挥其背后所蕴含的特色文化价值，创立包含民族文化精神的调味品品牌，将中华传统文化的精髓推向世界舞台。

传统酿造调味品技艺在国家层面被认定为非物质文化遗产始于 2008 年，第二批国家非遗名录及第一批扩展名录中，有 7 项调味品传统制作技艺入选国家级非遗。截至目前，共有清徐老陈醋酿制技艺、镇江恒顺香醋酿制技艺、酱油酿造技艺等 12 项调味品酿造和制作技艺入选国家级非遗名录。但是全球化带来了工业化和城镇化，尤其是食品工业不断进步，在此过程中，如何解决工业化生产中技艺掩盖了文化的问题？保护、传承产品的文化底蕴，在保护中传承，在传承中创新，将保护传承和创新发展密切结合，成为当下传统调味品发展需要思考的问题。

3.1.4　我国调味品行业发展现状

近年来，调味品进入行业发展的快车道。伴随调味品企业规模扩张，品牌优势逐步建立，自 2010 年开始则呈现明显的消费升级趋势（表 3.1）。该升级一方面得益于我国经济发展（GDP 增速始终高于 6.7%），人均收入水平提升；另一方面则受益于整个社会消费理念的转变，大众健康安全的消费意识不断提高。由于食品安全问题的出现，人们对食物及其原材料的安全问题越发重视。对健康安全饮食的需求提高，则推动调味品行业消费结构向中高端转移。

表 3.1　调味品行业发展阶段

时间段			行业特征
第一阶段	1992 年前	计划时期	整个调味品行业的价格仍处于政府管制之中，并且企业众多，甚至每个县、镇均有 1～2 个调味品生产作坊
第二阶段	1992～1998 年	调整期	全国性粮价放开叠加通胀因素，使得行业面临巨大成本压力，许多经营不善的企业被迫退出或转产
第三阶段	1999～2009 年	整合发展期	一方面成本压力减小，行业出现回暖，企业经营大幅改善；另一方面出现了国营企业被管理层收购或者变卖给民营、外资机构的现象，整个行业管理效率、机制改善明显。得益于餐饮行业及食品工业的快速发展，整个行业表现为量价齐升
第四阶段	2010 年至今	消费升级期	调味品行业向健康化发展，功能化产品等高端产品需求旺盛，行业价格带也跟随上移。这一方面得益于我国经济发展，人均收入水平提升；另一方面受益于整个社会消费理念的转变

资料来源：东吴证券研究所，2017。

目前，我国调味品生产与市场处于迅速发展时期，调味品工业成为我国食品工业新的增长点。据国家统计局公布数据显示（图 3.2），2014～2017 年，调味品、发酵类制品制造企业的数量逐渐上升，由 1088 家增加至 1271 家，主营业务收入也由 2649.1 亿元增加至 3097.4 亿元，利润总额由 225.5 亿元增加至 330.5 亿元。对比 2014 年与 2017 年的调味品行业的各项经济指标，企业数量的增长率为 16.8%，主营业务收入增长率为 16.9%，利润增长率为 46.6%。调味品行业处于高速增长阶段。

酱油、食醋是调味品行业的重要分支。国家统计局公布数据显示（图 3.3），2014 年酱油、食醋及类似制品的企业数量为 396 家，2017 年企业数量为 426 家，企业数量保持相对稳定。与 2014 年相比，2017 年酱油、食醋及类似制品的主营业务收入同比增长 12.8%，利润同比增长率为 43.5%，利润增速可观。

图 3.2　2014～2017 年调味品、发酵类制品经济效益

酱油、食醋市场中的大企业开始起到主导作用，从产品、渠道、价格和市场方面加剧了行业的竞争，促使中小企业加速退出市场，较多销售额在 5000 万元以下的企业只能退回二线市场，甚至面临被淘汰的局面。

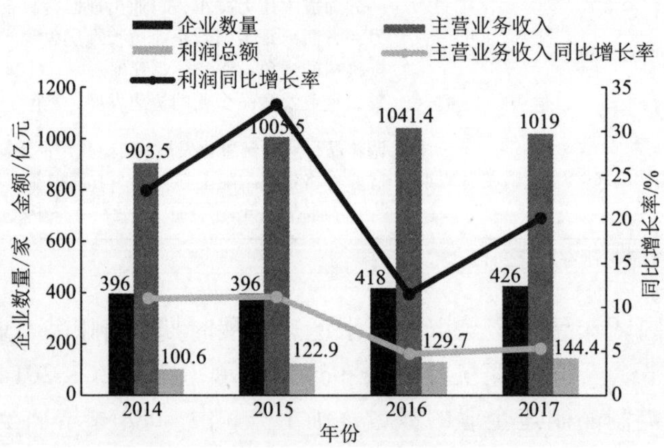

图 3.3　2014～2017 年酱油、食醋及类似制品经济效益

3.1.5　我国经济环境与调味品消费变化

伴随全球一体化趋势增强，中国经济正处于由高速增长向高质量增长转型的关键时期。从 1996 年开始，政府不断强调调整经济结构，转变经济增长方式，坚持扩大有效内需，促进居民消费升级，推动供给侧改革以适应需求变化。各种政策措施的出台为促进内需提供了良好的政策环境支持。国家统计局公布

数据显示，2009～2018 年，国内粮食产量稳定增长（图 3.4），人均国内生产总值由 26180 元（折合 3899 美元）增长至 64644 元（折合 9628 美元）（图 3.5）。从客观角度来看，居民消费潜力将逐步释放，消费结构将不断优化。

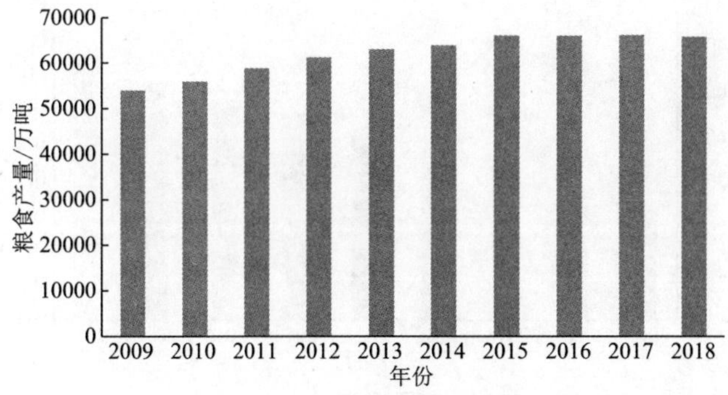

图 3.4　2009～2018 年国内粮食产量

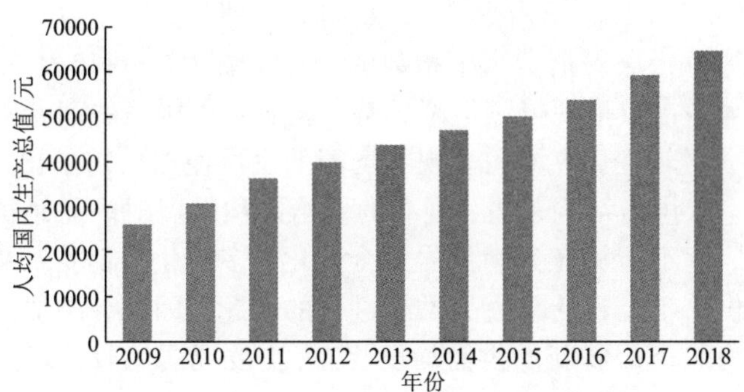

图 3.5　2009～2018 年人均国内生产总值

随着国家近年来大力推进城镇化，我国快速的城镇化进程使城镇人口从 1978 年的 17.9%增长至 2017 年的 58.52%。与此同时，居民人均可支配收入水平不断提升，由 2013 年的 18310.76 元增长至 2018 年的 28228 元（图 3.6），

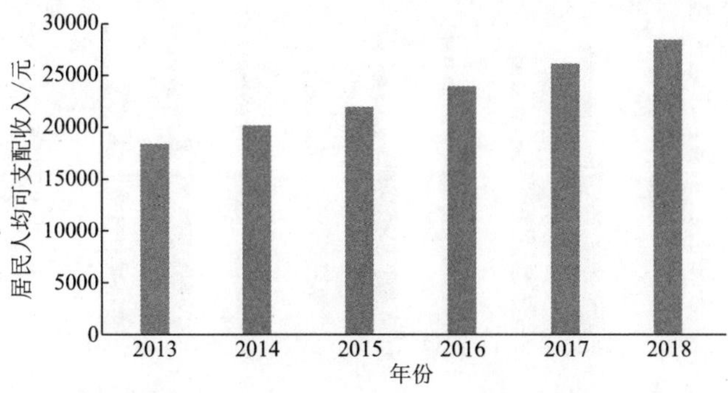

图 3.6　2013～2018 年居民人均可支配收入

居民消费水平也由2013年的16190元增长至2017年的22935元（图3.7）。人均可支配收入水平提升促进消费能力的提高，为调味品结构升级提供了稳定支撑。

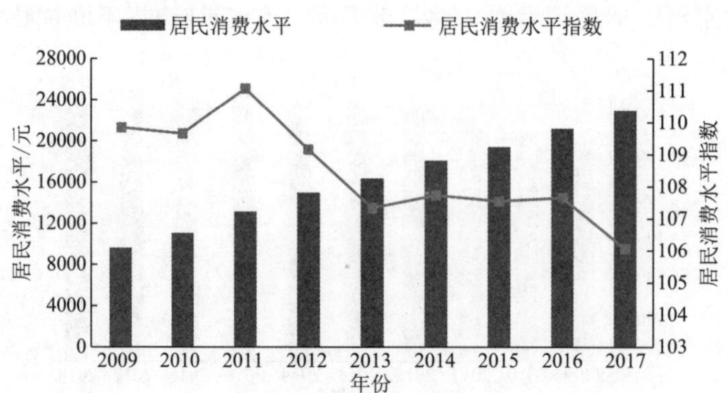

图 3.7　2009～2017年居民消费水平与消费水平指数

上年度居民消费水平指数以100计

然而，通过分析居民消费水平指数的变化（图3.7）可以发现，自2011年后，居民消费水平指数呈现持续下降趋势，表明中国居民的消费需求意愿从追求数量向追求质量转变，区域间呈现不均衡的发展使居民需求出现差异化、阶梯化演变趋势。从供给结构来看，现有的供给结构发展对内需结构的适应性仍需进一步调整，尚不能够充分满足居民个性化、多样化的消费需求，并且存在中、高端商品供给不足，低端商品供给过剩的问题。因此，调味品产业如何在客观现实矛盾背景下寻找新的供需均衡状态，需要同居民收入增长与消费需求的演化联系起来。

调味品行业中，酱油、食醋是重要的分支。酿造酱油、食醋是粮食传统深加工的方向之一。传统酿造酱油、食醋所依赖的主要原料包括大豆、小麦、稻谷、高粱等作物。据国家统计局公布数据显示，2009～2017年这些作物的国内产量基本保持稳定（图3.8），为传统酿造酱油、食醋提供了较为稳定的原料来源。

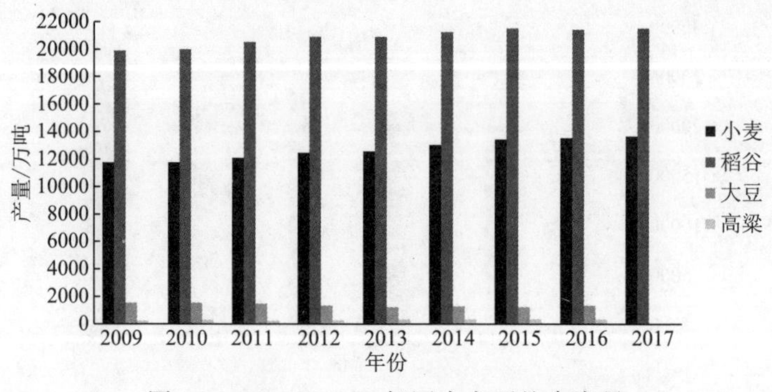

图 3.8　2009～2017年国内主要粮食产量

进一步对比 2009～2017 年调味品类城市商品零售价格指数变化情况（图 3.9）。商品零售价格呈持续增长趋势。价格持续上涨，一方面是原料、人工、运输等成本上升所引起的；另一方面则是由于工业生物技术与新装备不断应用于传统酿造行业。酱油、食醋产品品质不断提升，产品品类逐渐细化、多元化，高端产品的种类与比例也日益增加，以满足人民日益增长的对美好饮食的需求。

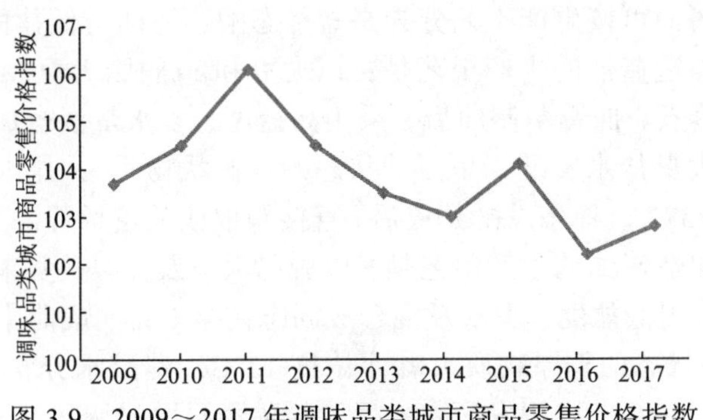

图 3.9　2009～2017 年调味品类城市商品零售价格指数

上年度调味品类城市商品零售价格指数以 100 计

综上所述，酿造酱油、食醋产品将逐步从中低端向高端过渡，结构调整将是长期发展趋势。未来酱油、食醋行业有很大的发展空间，市场前景广阔，体现在消费潜能进一步释放，企业整合速度加快，科技进步突飞猛进，东西方饮食文化融合以及“互联网+”促进产业升级等方面。

3.1.6　酿造酱油界定与分布

1. 酿造酱油的定义

联合国粮食及农业组织/世界卫生组织（FAO/WHO）对酿造酱油做了如下定义：酱油是通过大豆发酵和/或大豆和谷物共同发酵，或在大豆发酵后添加水解植物蛋白而获得的液体调味品。

日本农林规格（JAS）则定义为“本酿酱油是以大豆、麦、米等谷物经蒸煮等处理，培养酱曲、糖化、加食盐发酵、熟成制作而成的”。日本 85%以上的酱油都是采用本酿造的方法制作的。

我国通过国家和行业标准的设立将酿造酱油定义为“以大豆或脱脂大豆、小麦或麸皮、食盐、水为原料，经微生物酿造而成的一种液态鲜味调味品（SB/T 10298—1999）”。

尽管不同国家对酱油的定义不尽相同，然而都将酿造酱油的原料与工艺进行了规范，突出酿造酱油的特征。

2. 酿造酱油的范畴与产区分布

（1）酿造酱油的主要产区分布

酱油的世界产区分布主要包括亚洲与北美，代表国家分别为中国、日本、韩国、美国（以日式酱油为主）等，这与当地的传统文化与饮食习惯密不可分。

（2）中国传统酿造酱油

我国酿造酱油可按生产工艺分为高盐稀态酿造酱油与低盐固态酿造酱油。

高盐稀态酿造酱油的生产工艺是：以大豆和/或脱脂大豆、小麦和/或小麦粉为原料，经蒸煮、曲霉菌制曲后，采用高盐度、多水量混合成稀态酱醪（酱油成曲中加入大量盐水发酵，呈流动状态的稀酱状物质），盐水浓度 18°Bé，再经低温（28～37℃）稀态发酵熟成后，直接制取或适量稀释滤出的调味汁液。

低盐固态酿造酱油的生产工艺是：以脱脂大豆及麦麸为原料，经蒸煮、曲霉菌制曲后，采用低盐度、少水量混合成固态酱醅（酱油成曲中加入少量盐水发酵，呈不流动状态的稠厚物质），盐水浓度 12°Bé，酱醅水分含量 50%～58%，再经中温（40～50℃）堆积发酵熟成后，经稀释浸取的调味汁液。

（3）日本酱油

酱油也是日本的传统调味料。日本酱油的种类由 JAS 分为本酿造酱油、新式酿造酱油、酶处理液-氨基酸液混合式酱油三类。

本酿造酱油是将大豆或大豆与麦、米等谷类混合经蒸煮等处理，培养酱曲、糖化、加食盐发酵及成熟得到的澄清液调味料。

新式酿造酱油是在本酿造醪式生抽酱油中加入氨基酸液或酶处理液得到的澄清液调味料。

如果氨基酸液氮高于酶处理液氮，则称为氨基酸液酶处理液混合式酱油，反之氨基酸液氮低于酶处理液氮，则称为酶处理液氨基酸液混合式酱油。

根据酱油的原料和产品理化特征指标可将日本酱油分为浓口酱油、淡口酱油、重酿酱油、溜酱油和白酱油，酱油风味各异，深受广大消费者喜爱。其中浓口酱油和淡口酱油占市场主导地位，合计占比超过 95%。1963 年，JAS 酱油生产标准确立，日本酱油生产进入标准化时期。

目前，健康化、功能化双擎驱动日本酱油消费升级。以日本龟甲万酱油品牌的发展为例，过去 20 年，龟甲万的收入复合增速达 3.20%，利润复合增长率达 7.89%，盈利能力稳步提升。龟甲万的不断发展与扩张，一方面持续引领产品创新、引领行业升级，外延并购扩大领先优势；另一方面积极拓展业务延伸范围，发挥调味品通路协同优势，积极布局海外市场。

3.1.7　酿造食醋界定与分布

1. 酿造食醋的定义

FAO/WHO 对酿造食醋做了如下定义：食醋是一类以富含淀粉或糖类的原料经酒精发酵与醋酸发酵两个阶段制备的、有益人体健康的液体制品，其中，红酒醋中酒精残留量不得超过 0.5%，其他醋产品中酒精残留量不得超过 1%。

欧盟食醋仅指以农业原料经过二次发酵（酒精发酵和醋酸发酵）过程而酿造得到的调味品，酸度超过 5%且酒精含量不得超过 0.5%。

中国国家标准将酿造食醋定义为：以粮食、果实、酒类等含有淀粉、糖类、酒精的物质为原料经微生物发酵酿制而成的一种酸性调味品（SB/T 10300—1999）。

日本将酿造食醋定义为：用谷物、水果、酒精或砂糖等原料进行醋酸发酵而制成的液体调味料，且不使用冰醋酸或醋酸，醋酸含量在 4.0%（谷物醋为 4.2%，水果醋为 4.5%）以上。

2. 酿造食醋的范畴与产区分布

食醋酿造技术各不相同，产品丰富，分类复杂。按照原料，食醋可分为谷物醋、水果醋、蔬菜醋、动物产品醋、酒精醋等。谷物醋则有米醋、玉米醋、麸醋、麦芽醋、酒糟醋等。根据食醋发酵技术的不同，食醋酿造技术可分为传统酿造法和现代酿造法。传统食醋酿造法主要分为固态发酵法和表面静态发酵法。固态发酵以中国的山西老陈醋、镇江香醋和四川麸醋为代表；表面静态发酵法以中国陕西富平的封缸小米醋、日本米醋、意大利香醋、西班牙雪利醋等为代表。现代酿造食醋以深层通风发酵和滴淋发酵为代表。

食醋的世界产区呈现区域性分布特点：果醋以美国为代表，麦芽醋以英国和德国为典型产区，蜂蜜醋主要产区以法国为代表，雪利醋则盛产于西班牙，葡萄酒醋是地中海地区的代表食醋，香醋是意大利的典型食醋，谷物醋则集中在中国和日本，椰子醋和棕榈醋则盛产于菲律宾。

中国酿造食醋按照原料预处理方式的不同可分为生料制醋与熟料制醋，其区别在于原料是否经过蒸煮而进入糖化阶段。按照醋酸发酵方式，食醋则可以分为固态酿造和液态酿造两大类。固态酿造是我国传统食醋酿造方式，但因其生产周期长、劳动强度大、出品率偏低等问题，现多将前期的糖化、酒化过程以稀醪发酵代替，后期醋酸发酵多以固态发酵方式进行。还可根据食醋的风味将其分为陈香型醋（以陈醋、香醋为代表）、熏香型醋（以熏醋为代表）、甜醋（添加甜味剂的产品）等。

日本食醋主要分为酿造醋、合成醋、谷物醋、果实醋、米醋、米黑醋、大麦黑醋、苹果醋和葡萄酒醋。

西班牙醋根据所用的葡萄酒和发酵方式的不同将食醋分为以下六类：以佐餐葡萄酒为原料，采用深层发酵技术进行发酵（采用木桶陈酿或添加草药）；以干雪利酒为原料，采用深层发酵技术进行发酵（采用木桶陈酿）；以干雪利酒为原料，采用表层静态发酵技术进行发酵（采用木桶陈酿）；以干雪利酒为原料，进而接种醋酸菌，采用“Solera 系统”进行发酵（无需在木桶中陈酿）；以佐餐葡萄酒为原料，采用滴淋发酵技术进行发酵（采用湿木头刨花的醋化器进行发酵，需陈酿）；用稀释的葡萄酒添加醋酸菌生长的营养剂，采用深层发酵法进行发酵。

3.2　我国传统酿造酱油食醋行业发展成就分析

3.2.1　国家宏观政策调控

21 世纪国内食品市场将与国际市场进一步接轨，逐渐形成现代化大农业、大食品、大流通的格局，食品产业将向现代化、国际化、集团化的方向迅速发展，人民生活质量的提高，将对食品品种、质量、卫生、营养、风味等提出更多、更新、更高的要求。食品工业要适应城市生活多样化、农村食品商品化、家庭饮食社会化、食物结构营养化、传统食品现代化的发展趋势，要为不断增长的城市居民消费提供更加丰富的多品类食品。

本书主要以全国食品工业发展规划、《中国食物与营养发展纲要（2014—2020 年）》、《中国制造 2025》规划、“一带一路”、“三品”战略、环保政策等国家宏观调控政策为出发点，重点剖析食品工业发展纲要对我国传统酿造酱油食醋行业发展产生的影响与促进作用。

1. 全国食品工业发展规划

（1）全国食品工业“十五”发展规划

全国食品工业“十五”发展规划（简称“十五”发展规划）中针对“调味品行业”提出了明确的要求：要大力发展新型调味品、天然调味品、复合调料和方便调料；积极支持生物工程技术、膜技术等在调味品制造中的应用；提高调味品的卫生质量，降低污染，重点扶持一批大型调味品生产企业进行设备更新和工艺改进，扩大生产规模，提高产品档次。

（2）全国食品工业“十一五”发展纲要

全国食品工业“十一五”发展纲要（简称“十一五”发展纲要）中，未对传统酿造调味品行业提出明确的要求，而是强调优化区域布局，加强原料基地建设，培育食品加工产业带和企业集群；转变增长方式，促进资源精深加工和综合利用，发展循环经济；增强自主创新能力，推动行业科技进步，促进食品加工装备制造业的发展；加强食品安全体系建设，提高食品营养和安全水平。

（3）食品工业“十二五”发展规划

食品工业“十二五”发展规划（简称“十二五”发展规划）中，要求食品企业继续抓好节能减排，研究生物转化途径及绿色制造工艺，改造耗能高、耗水多、污染大、效率低的落后工艺和设备，推广应用离心清液回收、糟液全糟处理等节能减排技术，大幅度减少污染物的产出和排放，降低能耗和水耗，推进清洁生产和循环发展。

（4）食品工业“十三五”发展规划

食品工业“十三五”发展规划（简称“十三五”发展规划）中，提出了在食品加工过程的组分结构变化、风味品质修饰、加工适应性与品质调控等方面开展前沿性基础研究，实现食品加工制造理论的新突破。重点开展中华传统与民族特色食品的工业化加工、传统酿造发酵和方便调理食品制造、食品添加剂与配料绿色制造、营养型健康食品创新开发与低碳制造等一批核心关键技术开发研究，实现加工制造过程的智能高效利用与清洁生产。

传统酿造酱油、食醋行业的快速发展与国民生活品质、全民营养健康的发展密切相关。从“十五”至“十三五”期间的食品工业发展规划重点任务的变化中不难发现，传统酿造酱油、食醋行业的发展与行业升级日益重要。

“十五”发展期间，食品行业以“科学发展观”为指导，产业结构调整继续深化，企业生产经营机制进一步优化，食物消费品市场繁荣。食品工业继续发挥国民经济支柱产业的重要作用，顺利完成了“十五”发展规划的预期目标。

在此期间，我国调味品工业运行平稳。以 2005 年统计数据为例，酱油产量增长 18%。随着人民生活水平的提高，调味品的生产一直呈现较快增长局面，随着生产工艺的不断完善和技术装备的更新，产量大幅提高，产品结构调整成效显著，品种规格更加丰富。骨干企业和名牌产品的扩张加快，调味品行业生产集中度逐年提高。一批大型企业创造的全国知名品牌和区域优势品牌，成为居民和餐饮消费的主导产品；日、韩、东南亚和我国香港等地企业的产品，虽然售价偏高，但由于质量较高和风味突出，其市场占有率和销售量也在稳步提高。

受消费理念日益成熟和消费水平不断提高的影响，调味品系列化和高档化的趋势明显，调味品企业质量改进和品牌建设意识加强，产品包装和宣传推广的专业化、精细化程度将会进一步提高。调味品企业正在改变传统作坊式、分散式的陈旧生产规模，企业集团化、规模化发展迅速，管理模式和管理手段也更加科学、规范。调味品行业将着力于经济增长方式的科学转变和生产力水平的不断提高，促进行业快速发展。

“十一五”期间，通过加大研发和投入力度、引进技术和设备，大中型食品企业装备水平基本与世界先进水平同步。我国先后研制开发了一批具有自主知识产权的食品加工关键装备，攻克了一批关键技术，部分成套技术与装备基本实现从长期依赖进口到自主化并成套出口的跨越。

在中国食品工业协会组织开展的食品行业创新性企业试点工作的带动下，食品企业战略创新、机制创新、技术创新、管理创新等方面取得长足发展，食品企业自主创新体系日渐完善。同时，食品企业研发投入大幅增加。依托于食品企业国家重点实验室和重大研究项目，食品企业领军人才数量不断增加，创新能力不断提升。

高校基础型人才培养规模和质量不断提升，企业、高校和科研院所的产学研联合初步形成。食品企业自主知识产权和发明专利显著增加，新产品销售收入迅猛增长，自主创新产业化水平不断提升，产生了一批名牌和驰名商标，出台了系列国家标准和行业标准，经济总量、品牌效应不断扩大，劳动生产率得以稳步提高。

在此期间，调味品产业保持向好的增长态势，以 2010 年的调味品 100 强企业统计结果（58 家）为例，100 强企业的产品总产量突破 500 万吨，产品总销售收入达到 280.27 亿元。此外，新技术如生物酶解技术、固定化酵母技术、膜技术、萃取技术、微胶囊技术等不断应用于调味品生产中，提高了产品质量和包装水平，在我国形成了传统调味品、新兴调味品和各种复合调味品的较高技术水平及工艺水平的生产企业。

“十二五”期间，调味品行业产业集中度和品牌集中度进一步提高，年度产销量稳中有升，市场的消费潜能释放。根据国家统计局对规模以上企业统计的数据显示，调味品和发酵制造品主营业务收入为 2870 亿元，同比增长 9%；利润总额为 271 亿元，同比增长 20.1%，增速明显。根据中国调味品协会对著名品牌 100 强企业的统计可知，2015 年，调味品行业的生产产量同比增长 8.5%，统计内的 12 个分支产业都出现了不同程度的增长，其中 2015 年酱油产量为 352.8 万吨，同比增长 4.6%，食醋产量为 156.3 万吨，同比增长 7.6%。

调味品行业处在产品创新、市场拓展的快速发展阶段，行业内企业逐渐加强科研创新与基础研究，分别在微生物发酵基础研究、精细化控温技术、减盐提鲜、酱油酿造专用耐盐乳酸菌、微生物菌株的研发、采用基因组学技术分离选育高效米曲霉、现有菌种改良等方面开展更深入的研究。国内企业不断改进技术、更新设备。例如，李锦记引进日本工艺——连续蒸煮及圆盘制曲系统，以节约人力、提高产能；海天在智能制造领域已实现了生产过程的自动化、管理方式系统化等现代新型生产管理模式。

调味品行业处于完全竞争的状态，竞争从早期的价格向品牌影响力、渠道竞争力、文化建设、科技创新等方面转变，竞争方式更加科学与可持续，对整个行业的发展起到良性推动作用。由 2015 年调味品行业产品发展纵览数据得出，调味品企业数量与单品数量在全国都呈现西南地区较多，华东地区次之的分布趋势。西南地区以川味复合调味发展较为成熟，四川省调味品行业增长态势良好，品牌集中度提升，生产集中度提高。华南地区调味品企业则是大型企业比较集中，产销量占全国市场比重较大，产品开发能力也较为领先。就酱油产品而言，企业数量在华东地区分布最多，华南地区次之。

“十三五”以来，调味品行业的科技创新呈现以下特点：①调味品行业越来越注重科技的推广应用，全国与食品专业相关的大学在研究重点和关键技术上取得了重要突破；②科技成果的产业化成为推动行业升级换代的主要标志；③调味品行业的稳步增长为行业和企业的科技进步提供了发展机遇。一方面，企业靠市场开发和创新促进市场发展；另一方面，企业靠技术支撑和质量保证维系核心竞争力。行业内较为领先的大型企业在科学技术的研发上有很大程度的改善，也促进了企业的转型升级与快速发展，但大量科研成果的转化仍需进一步向生产力进行转化。

全球食品产业整体正在向多领域、多梯度、深层次、低能耗、全利用、高效益、可持续的方向发展。在技术创新的带动下，全球市场加工技术与设备越来越高新化。我国调味品行业有很大的进步空间，市场前景广阔。在新的发展形势下，加快科技创新将成为行业未来可持续、健康发展的关键。

2.《中国食物与营养发展纲要（2014—2020 年）》

改革开放以来，我国食物与营养工作取得了巨大成就，食物生产能力显著增强，加工水平不断提高，消费水平稳步上升，居民食物结构得到改善，营养状况变化显著。目前我国正值经济结构转型升级的关键时期，而营养是奠定高水平人力资源的基础，能够推动产业结构优化升级、完善发展现代产业体系，促进社会生产率的提高。此外，营养健康能够促进社会经济发展，降低疾病负担，促进小康社会的实现。如何在经济结构转型的大背景下以营养健康科学引导食物及相关产业的发展，是营养工作目前面临的重大机遇和挑战。

根据国际经验，人均 GDP 在 1000～3000 美元是进行膳食营养结构调整的关键时期。自 2003 年起，我国人均 GDP 已达到 1100 美元，标志着我国已步入膳食营养结构调整的关键时期。与此同时，我国也进入工业化迅速推进并趋向国际贸易一体化的重要时期，正是居民食物消费与营养结构的重大转折时期，是实现食物结构优化调整的最有利时期。因此，在进行居民膳食营养结构的调整与改善时，要结合生产与生活、经济与消费的关系，促进食物生产与消费、经济发展与膳食改善的协调发展。

2014 年 2 月，国务院办公厅正式发布《中国食物与营养发展纲要（2014—2020 年）》（简称《纲要》），这是继《九十年代中国食物结构改革与发展纲要》《中国食物与营养发展纲要（2001—2010 年）》之后，我国制定的第三部关于食物与营养发展的纲领性文件。《纲要》立足保障食物有效供给，优化食物结构，强化居民营养改善，绘制出至 2020 年我国食物与营养发展的新蓝图。

我国居民食物与营养面临食物消费风险突出、生产结构与消费结构不衔接、消费目标和营养目标不协调、营养改善与健康需求不匹配等新问题，食物与营养发展呈现新特点。

（1）食物生产能力增强，但消费风险上升，生产结构与消费结构不衔接

我国食物综合生产能力稳步增强，为居民食物消费提供了丰富的食物资源。目前，我国粮食生产能力稳步超过 5 亿吨水平，人均粮食占有量接近 400 kg，粮食自给率保持在 95%以上，肉、蛋、奶、蔬菜、水果、水产品等品种类型更为多样化。在食物生产能力增强的同时，居民食物消费风险问题依然较大。改革开放以来，农药、化肥、兽药、添加剂的大量使用，在增加食物生产总量的同时，造成农产品有毒有害物质残留量超标，食品安全事件不断发生。食物生产结构与消费结构不衔接现象凸显。

（2）食物消费快速增长，但营养改善难度加大，消费目标和营养目标不协调

我国居民食物消费快速增长，在外就餐次数增多。改革开放以来，我国经济快速发展，城乡居民收入明显提高，人均食物消费支出大幅增长，在外就餐次数增多，城乡居民优质蛋白质食物的消费快速增加。实际消费与营养目标不协调问题日益突出。

（3）公众营养渐被重视，但健康问题仍然突出，营养改善与健康需求不匹配

关注公众营养成为经济社会发展中的新内容。当前，我国总体上已经进入小康生活阶段，不断提高人民生活水平、改善人民生活质量，是我国经济社会发展的重要目标。我国政府采取了一系列政策措施确保人民群众的基本营养需要。随着居民收入水平的不断增加，人们更加关注营养与健康问题。尽管我国公众营养工作取得了很大成绩，但是当前居民与营养相关的健康问题仍然突出。营养改善与健康需求不匹配的矛盾加剧。

近 30 多年来，中国已经成为世界上食物生产增长最快的国家之一，人民生活水平稳步提高，但在未来相当长的一段时期内，食物与营养发展面临着资源环境制约增加、流动人口比例扩大、老龄化社会来临、非传染性慢性病高发等所带来的一系列挑战，对食物与营养发展提出新的需求。

1）资源环境压力增大，要求转变食物与营养发展方式。

2）社会流动人口增多，要求创造良好的食物消费环境。

3）老龄化社会快速来临，要求满足社会多样化食物需求。

4）进入慢性病易发时期，要求居民膳食结构不断优化。

实施食物与营养发展战略是全面建设小康社会的基础和保障。传统酿造调味品是膳食中必需的一类食品，其营养健康作用不可忽视。调味品提升营养价值，满足居民健康需求是必然的发展趋势。食物与营养的变迁对我国农业和食品工业提出了新的需求。调味品是不可或缺的食物类别，对食物与营养的影响巨大，如何进行调味品营养化，满足我国居民营养健康需求是调味品产业发展的战略性问题。

调味品的营养特点是摄入量较低，提供的膳食能量较低，富含营养和功能物质，主要包括：①蛋白质、氨基酸、多肽、低聚肽等；②多糖、黏多糖、低聚糖等；③香味成分：醇、酯、醚、酮、挥发酸等；④植物功能成分：萜烯类、花青素类、生物碱等；⑤有机酸：乙酸、丙酸、苹果酸、柠檬酸等；⑥生物发酵产物：酶类、维生素 B_{12} 等；⑦益生菌及其他微生物。

传统酿造食品发酵过程可以降低原料中大分子物质的水平，形成中小分子的多肽、多糖、小肽、低聚糖和异黄酮等容易被人体吸收且生物学作用更为显著的功能性物质。微生物发酵过程可以产生原料中不存在或含量较低的营养素或功能物质，例如，维生素 B_{12} 通常仅在动物性食物中存在，但经过微生物发酵则可在微生物体内形成并存在于发酵产品中。此外，发酵过程还可以总体改良豆类和面粉的营养状况，减少或完全消除抗营养因子的水平，如一些不利于消化的酶类和微量元素络合物质。同时，还应特别关注的是原料中原有的一些成分（如大豆异黄酮等）在发酵过程并未破坏，在酿造调味品中仍保有一定的水平。

随着营养健康及发展的需要，农业和食品产业正经历着变迁和变化，其中的一个重要特征就是向着满足营养和健康需求的方向发展。与其他食品一样，调味品是膳食的构成成分，是人类发展过程选择出的不可替代和不可或缺的食品类别。因此，调味品的营养化作为行业战略发展的目标，对传统酿造酱油和食醋行业的持续健康发展、发扬传统酿造产业和提高人民生活质量具有重要的意义。

3.《中国制造 2025》规划

智能制造装备是具有预测、感知、分析、推理、决策、控制功能的各类制造装备的统称，是在装备数控化基础上提出的一种更先进、更能提高生产效率和制造精度的装备类型。

智能制造装备是高端装备的核心，是制造装备的前沿和制造业的基础，已成为当今工业先进国家的竞争目标。作为高端装备制造业的重点发展方向和信息化与工业化深度融合的重要体现，发展智能制造装备产业对加快制造业转型升级，提升生产效率、技术水平和产品质量，降低能源资源消耗，实现制造过程的智能化和绿色化发展具有重要意义。

《中国制造 2025》具体规划了未来发展的十大重点领域，即新一代信息技术、高档数控机床和机器人、航天航空装备、海洋工程装备及高技术船舶、先进轨道交通装备、节能与新能源汽车、电力装备、新材料、生物医药及高性能医疗器械和农业机械装备。这实质上给未来中国工业发展尤其是高端产业指明了具体的创新和成长方向。同时，《中国制造 2025》提出了分三步走的制造强国目标，即第一阶段（到 2025 年），基本实现工业化任务，中国进入全球制造强国的行列，迈入制造业强国的第二梯队；第二阶段（到 2035 年），中国制造强国指数达到全球制造强国第二梯队前列的水平，成为真正意义的制造业强国；第三阶段（到 2045 年），迈入世界制造业强国的第一方阵，成为在全球具有引领、带动作用的制造强国。

我国传统酿造行业发展应抓住新一轮科技革命和产业变革带来的战略机遇，积极应对生产要素价格上涨、低成本劳动密集型产业向技术密集型产业转变等挑战，积极推进《中国制造 2025》，提高传统产业的发展质量和水平，推进工业化和信息化的融合发展，促进酿造产业的绿色低碳转型，推动产业增长由人力资本和物质要素总量投入驱动向知识、技能等创新要素驱动转型，构建产业结构合理、技术水平先进、生态环境友好、附加价值高、质量高、就业能力强的现代酿造食品产业体系，在保持传统优势产业国际竞争力的同时，积极抢占未来国际竞争的制高点并形成新的竞争优势领域，保持传统酿造产业平稳较快和可持续性增长。

（1）改造提升传统酿造产业

传统酿造行业是典型的劳动密集型行业之一，传统酿造工艺的许多生产环节仍依靠经验控制生产或需要劳动密集型操作，迫切需要提高技术水平。从产品需求方面分析，应充分利用扩大内需的机遇，特别是三线、四线市场产品升级换代的市场机遇，拉动传统劳动密集型产业发展。从供给方面分析，应充分利用新一轮西部大开发和“一带一路”的机遇，释放传统劳动密集型行业的二次创新能力。因此，加强传统酿造产业的员工技能培训和装备升级，不断提高劳动生产率，增强产品开发与设计能力，加快产品升级换代，提高产品质量，打造知名品牌，增加附加价值，以实现向全球价值链的高端环节攀升。

（2）加强传统酿造产业的装备升级和技术改造

大力推广新技术、新工艺、新流程、新装备、新材料在传统酿造产业的使用，特别是积极推动信息技术在传统产业的应用，提高工厂的自动化、智能化水平，开展智能制造试点并加快推广。严格制定能耗和排放标准，加强环境执法，促进企业采用节能环保的设备、工艺。设立重点行业转型升级示范工程，重视技术改造与技术创新的结合。

（3）形成系统优势为目标的智能制造

新一轮技术革命的智能制造，并非简单的个别技术的应用和组合，而是一个多层次的、复杂的技术系统或"簇群"。智能制造第二个层次中传感器、工业机器人等智能制造装备和方法，极大地丰富了传统酿造行业的技术升级和设备改造的应用；智能制造技术系统第三层面中的智能工厂，是智能制造资源在生产线层面的优化，最高层次的数字物理系统或产业互联网，是智能制造的最高形式和终极优化目标。对于传统酿造行业，这不仅是对底层的通用技术和顶端的智能制造系统的部署，更是数字化、自动化生产能力和精细管理能力的资源及技术的整合。

为响应国家《中国制造 2025》规划，调味品企业积极通过信息化、自动化的手段，构建新的生产流程乃至组织结构。例如，恒顺醋业加快转型升级，入围全国智能制造示范项目；还有海天味业的"智能制造"、加加食品的"数字化工厂"等，在智能制造方面取得了一系列成果。以李锦记集团为例，该公司在调味品生产基本实现机械化的基础上，正在向生产过程自动化和智能化迈进，研制出一批在行业内处于领先地位的生产工艺和装备。例如，对广式酱油的主要原料原粒黄豆进行处理，黄豆自入仓后就通过制造执行系统实现了数字化精细管理，具有可追溯性。企业引进和完善了一批具有国际或国内先进水平的装备，如具有人机界面的全自动酱油圆盘制曲装备、在线自动监测酱油氨基酸态氮的智能化酱油调配系统、物料确认追溯系统、防伪防窜货系统。信息化覆盖了主要管理流程，形成了适合自身发展的信息化体系，特别是运用信息化在食品质量和安全方面的管理取得了质的提升。

4. "一带一路"

随着经济全球化的深入发展，食品贸易也在迅猛增长。自 2013 年中国提出"一带一路"构想以来，截至 2019 年 3 月底，中国已同 125 个国家和 29 个国际组织签署合作文件，共建"一带一路"。参与国家已由亚欧延伸至非洲、拉美、南太等区域。"一带一路"连接亚太和欧洲两大经济圈，沿线各国地域紧密相连。据商务部统计数据显示，2016 年，我国与"一带一路"沿线国家食品农产品贸易额达 246.4 亿美元，同比增长 11.3%。当前，沿线国家食品农产品需求量开始快速递增，调味品行业具有广阔的市场前景。

因此，国内出口调味品企业需要注重市场开拓和产品创新。加强与“一带一路”沿线国家认证交流，鼓励企业实施“走出去”战略，提高出口调味品的质量和技术水平，加大对产业集中度高、质量稳定、具有自主知识产权的调味品生产区域品牌建设的支持力度，提升中国调味品品牌的知名度。

5. “三品”战略

消费品工业是我国重要民生产业和传统优势产业。改革开放以来，我国消费品工业总体上保持平稳健康发展，形成了覆盖面广、结构相对完整的消费品工业体系，基本保障和满足了人民群众不断增长的消费需求，对稳增长、促改革、调结构、惠民生发挥了重要作用。但也要看到，我国消费品工业核心竞争力和创新能力仍然较弱，品种、品质、品牌与国际先进水平相比尚有较大差距，有效供给能力和水平难以适应消费升级的需要。为贯彻落实党中央、国务院关于推进供给侧结构性改革、促进工业稳增长调结构增效益和建设制造强国的决策部署，更好满足和创造消费需求，不断增强消费拉动经济的基础作用，促进消费品工业迈向中高端，就要开展消费品工业“三品”专项行动。

自 2016 年 5 月，国务院办公厅发布《关于开展消费品工业“三品”专项行动营造良好市场环境的若干意见》，部署开展消费品工业增品种、提品质、创品牌“三品”专项行动。调味品行业积极推行“三品”战略，践行供给侧改革的思路，促进资源有效整合，取得了初步成效。

（1）增品种

调味品企业的大单品战略向迭代新品战略转变，产品更新换代加快，开发了不少迎合市场的新产品。酱油食醋行业在技术研发、市场功能开拓方面取得了成效，市场需求不断释放，营养功能受到重视，醋饮料、醋保健品、清洁美容产品等相关产品不断开发。

（2）提品质

调味品行业的大型企业引入先进技术，提高品质。行业龙头企业的生产从规模化、自动化向智能化、数字化生产转型升级，注重细节细化建设，保证从源头到餐桌的食品品质。品牌企业致力于将科技成果转化为生产力，建立起完整的产品数据信息链，积极引入智能制造系统与可追溯系统。

（3）创品牌

经过多年的发展，调味品行业形成了不少家喻户晓的品牌，尤其是酱油、食醋行业，均有表现突出的企业，注重品牌的宣传、社会影响力，将品牌力融入消费理念中。酱油品牌发展较为完善，既有发展历史悠久的老字号酱油品牌，如致美斋、珠江桥、金狮；也有新兴的品牌，如富氏；既有全国性的强势品牌，如海天、厨邦、加加、李锦记；也有地方特色品牌，如千禾、味莼园。酱油产业以海天味业为例，其作为行业内产销量第一的企业，也是世界酱油产量第一的企业。

食醋产业仍然呈现山西老陈醋、镇江香醋、四川保宁醋、福建红曲醋四大名醋为主要品牌的格局，各地区也不乏代表性企业，如水塔醋业、紫林醋业、恒顺醋业、四川保宁醋、福建永春等知名企业。食醋企业以恒顺醋业为例，其在醋文化传承、先进科研成果应用、全国市场布局等方面都是食醋产业里的典型代表。

6. 环保政策加速落后产能企业的淘汰

随着中国经济体量不断增大，同时经济发展模式相对比较传统，中国正面临日益收紧的能源与环境约束。因此，正确处理能源、环境与发展之间的关系对转变经济发展方式、实现绿色可持续增长意义重大；节能减排成为中国转变经济增长方式、实现经济结构升级的重大举措。经济增长与节能减排是中国当前面临的两大重要问题，如何在保持经济增长的同时保护环境，是中国能否取得经济建设和生态文明建设成功的关键。

2017 年以来，环保力度明显加大。酿造行业属于环保部门公布的 16 大重污染行业之一（火电、钢铁、水泥、电解铝、煤炭、冶金、化工、石化、建材、造纸、酿造、制药、发酵、纺织、制革和采矿业）。在环保压力下，部分地区小酱油厂批量倒闭。调味品行业目前仍处于相对零散分布状态，区域性酱油、食醋企业较多。据统计，2017 年酱油 100 强企业产量占行业总比例的 43%，食醋 100 强企业产量占行业总比例的 32%，可见小型酱油企业、小型食醋企业仍然大量存在，落后产能在环保压力下将加速淘汰。

节能减排已纳入并成为国家发展规划的重要工作之一。环保部门对企业严格要求，能耗与治理排污方面的费用对产品成本影响越来越大，不少企业的经济效益受到严重影响。酱油、食醋工艺设计方面，转变发酵车间设计思路的模式，现应考虑充分利用发酵自身的微生物呼吸热、原料的分解热和太阳能，并利用蒸料余热和微生物在曲料上生长繁殖过程中所产生的热量，使其与不同时段投料进行能量的互相转换利用，达到节能的效果。酱油、食醋制曲工序是整个酱油、食醋生产过程中的一个重要环节，电耗、汽耗的费用在整个生产过程中的占比较大。此外，分层次合理重复利用水资源，最大限度减少用水量和污水排放量，以及开展酱油渣、醋糟等的综合利用，实现资源的高效利用，逐渐向循环经济发展模式转变。

调味品行业中，已有部分龙头企业将节能减排、源头控制作为企业环保管理的指导思想，从生产工艺、设备、技术等方面，将先进的节能技术运用于生产技改中，并处于国内领先甚至国际先进水平。例如，运用技术改造实现节能制造，如酱油节能改造、蚝油节能改造、超高温节能改造等大型技改项目，调味品生产节能成效显著。除此之外，关于废气治理方面，部分企业引进先进的专业设备和技术，实现锅炉烟气排放的主要指标均达到国家标准要求的特别排放限值；废水治理方面，实现处理后的出水符合地方标准。今后，调味品企业需进一步加大节能技改的投入，加大节能环保新能源、新工艺、新设备的应用，加大企业清洁生产、循环经济的落实，以提高物料利用率、加大余热回收和水的回收综合利用，实现企业的进一步可持续发展。

调味品企业必须适应新的形势，实施绿色管理，才能实现在竞争中生存发展。调味品企业绿色管理的实质是调味品企业在管理中必须正确处理企业、自然、社会三者之间的关系。调味品企业的绿色管理要达到三个目标：一是物质资源利用的最大化，通过集约型的科学管理，使单位资源的产出达到最大、最优，如醋渣、酱渣、蒸豆液等下脚料的综合利用；二是废弃物排放的最小化，实行以预防为主的措施和全过程控制的环境管理，如废水、废料、粉尘的减少等；三是适应市场需求的产品绿色化，减少毒素物质（黄曲霉毒素）的产生。通过上述三个目标的实现，使企业的发展目标与社会发展、环境改善协调同步，走上企业与社会都能可持续发展的双赢之路。

3.2.2　行业标准不断提升与完善

1. 产品标准

（1）酱油产品标准

目前，我国酱油的质量标准主要依据为 GB 18186—2000《酿造酱油》。该标准规定了酿造酱油的定义、产品分类、技术要求、试验方法、检验规则等的要求。

自 1988 年来，酱油国家标准经过了多次修订（表 3.2）。2018 年 6 月，国家卫生健康委员会、国家市场监督管理总局发布 2018 年第 5 号公告，发布包括 GB 2717—2018《食品安全国家标准　酱油》在内的 27 项食品安全国家标准，标准将于 2019 年 12 月 21 日开始实施。

表 3.2　酱油国家标准变迁

时间	标准名称	主要内容变化
1988 年	GB 8953—1988 酱油厂卫生规范	规定了采用酿造方法生产酱油的工厂卫生规范
1996 年	GB 2717—1996 酱油卫生标准	将酱油卫生要求分为两类，即烹调酱油和餐桌酱油

续表

时间	标准名称	主要内容变化
1996 年	GB/T 5009.39—1996 酱油卫生标准的分析方法	规定了以粮食及其副产品豆饼、麸皮等为原料酿造的酱油各项卫生指标的分析方法
2000 年	GB 18186—2000 酿造酱油	规定了酿造酱油的定义、产品分类、技术要求、试验方法、检验规则和标签、包装、运输、贮存的要求
2003 年	GB 2717—2003 酱油卫生标准	增加了食品添加剂、生产加工过程的卫生要求、包装、标识、贮存及运输要求；增加了酿造酱油和配制酱油的定义
2003 年	GB/T 5009.39—2003 酱油卫生标准的分析方法	代替 GB/T 5009.39—1996；增加了氨基酸态氮的比色法作为第二法
2007 年	GB/T 21234—2007 铁强化酱油中乙二胺四乙酸铁钠的测定	规定了铁强化酱油中乙二胺四乙酸铁钠（NaFeEDTA）的测定方法
2016 年	GB 5009.249—2016 食品安全国家标准 铁强化酱油中乙二胺四乙酸铁钠的测定	修改了标准名称；取消第二法比色法；计算公式中含量以 mg/100mL 表示
2018 年	GB 2717—2018 食品安全国家标准 酱油	修改了标准名称；修改了范围；修改了术语和定义；修改了感官要求；修改了理化指标；修改了微生物限量
2018 年	GB 8953—2018 食品安全国家标准 酱油生产卫生规范	修改了标准名称；修改了标准结构；增加了“设施与设备”“卫生管理”“食品原料、食品添加剂和食品相关产品”“生产过程的食品安全控制”等内容

（2）食醋产品标准

近年来，食醋国家标准进行了多次修订（表 3.3）。2018 年 6 月，国家卫生健康委员会、国家市场监督管理总局发布包括 GB 2719—2018《食品安全国家标准 食醋》在内的 27 项食品安全国家标准。该标准将于 2019 年 12 月 21 日代替 GB 2719—2003《食醋卫生标准》。

表 3.3　食醋国家标准变迁

时间	标准名称	主要内容变化
1988 年	GB 8954—1988 食醋厂卫生规范	适用于以粮食为原料，以麦曲（大曲）、麸曲和酒药等各种菌种为糖化剂，采用固态法酿造醋的工厂
1996 年	GB 2719—1996 食醋卫生标准	代替 GB 2719—1981；规定了食醋的定义、卫生要求和检验方法
1996 年	GB/T 5009.41—1996 食醋卫生标准的分析方法	规定了以粮食为原料酿造的食醋各项卫生指标的分析方法

续表

时间	标准名称	主要内容变化
2000 年	GB/T 18187—2000 酿造食醋	规定了酿造食醋的定义、产品分类、技术要求、试验方法、检验规则和标签、包装、运输、贮存的要求
2003 年	GB 2719—2003 食醋卫生标准	代替 GB 2719—1996；增加了食品添加剂、生产加工过程的卫生要求、包装、标识、贮存及运输要求；取消了醋酸指标
2003 年	GB/T 5009.41—2003 食醋卫生标准的分析方法	代替 GB/T 5009.41—1996；规定了食醋各项卫生指标的分析方法
2016 年	GB 8954—2016 食品安全国家标准 食醋生产卫生规范	代替 GB 8954—1988；增加了术语和定义；增加了原料采购、验收、运输和贮存等相关要求；增加了附录 A 和附录 B
2016 年	GB 5009.233—2016 食品安全国家标准 食醋中游离矿酸的测定	代替 GB/T 5009.41—2003 中 4.2 游离矿酸
2018 年	GB 2719—2018 食品安全国家标准 食醋	代替 GB 2719—2003；修改了范围、术语和定义、理化指标、微生物限量

2. 食品安全标准

（1）酱油安全标准

由于酿造酱油的生产周期长，成本偏高，通过酸水解等方法降解原料中的蛋白质，可提高酱油的生产速度，但是容易产生氯丙醇类有毒物质。按 GB 2762—2017《食品安全国家标准 食品中污染物限量》，添加酸水解植物蛋白的液态调味品中，3-氯-1,2-丙二醇（酱油中氯丙醇的主要类型）含量应低于 0.4 mg/kg。

（2）食醋安全标准

2009 年，我国卫生部将工业用乙酸划入第三批食品添加剂黑名单中，并通过有关标准明确规定了游离矿酸在酿造食醋、配制食醋中均不得被检出。GB 5009.233—2016《食品安全国家标准 食醋中游离矿酸的测定》规定了食醋中游离矿酸的测定方法，并于 2017 年 3 月 1 日代替 GB/T 5009.41—2003《食醋卫生标准的分析方法》中游离矿酸的测定方法。

3. 产品产地保护

为了有效地保护我国的原产地域产品，规范原产地域产品专用标志的使用，保证原产地域产品的质量和特色，根据国家法律法规制定《地理标志产品保护规定》。规定的地理标志产品（又称原产地域产品），是指利用产自特定地域的原材料，按照传统工艺在特定地域内所生产的，质量、特色或声誉在本质上取决于其原产地域地理特征并依照本规定经审核批准以原产地域进行命名的产品。国家市场监督管理总局对原产地域产品的通用技术要求和原产地域产品专用标志以及各种原产地域产品的质量、特性等方面的要求制定强制性国家标准。我国食醋中的地理标志产品国标见表 3.4。

表 3.4　食醋地理标志产品国标

时间	标准名称	主要内容
2002 年	GB 18623—2002 镇江香醋	规定了镇江香醋的原产地域范围、术语和定义、要求、试验方法、检验规则及标签、包装、运输和贮存
2004 年	GB 19461—2004 原产地域产品　独流老醋	规定了独流老醋的原产地域范围、术语和定义、要求、试验方法、检验规则及标签、包装、运输和贮存
2005 年	GB 19777—2005 原产地域产品 山西老陈醋	规定了山西老陈醋的原产地域保护范围、术语和定义、要求、试验方法、检验规则和标签、包装、运输、贮存
2008 年	GB/T 19461—2008 地理标志产品　独流（老）醋	修改了标准属性；修改了术语和定义；增加了理化指标项目；增加了净含量要求及添加剂使用要求；补充了保质期的相关规定等
2011 年	GB/T 18623—2011 地理标志产品　镇江香醋	代替 GB 18623—2002；修改了标准属性；修改了术语和定义；明确了保护范围；增加了原辅料的质量要求；增加了特征指标要求；完善了感官特性中香气和体态特性的描述；修改了理化指标；完善了检测方法等
2011 年	GB/T 26531—2011 地理标志产品　永春老醋	规定了永春老醋地理标志产品的术语和定义、保护范围、产品分级、要求、试验方法、检验规则和标签、标志、包装、运输、贮存的要求
2013 年	GB/T 19777—2013 地理标志产品　山西老陈醋	代替 GB 19777—2005；修改了标准属性；完善了感官特性的描述；取消了理化指标中的规格；增加了特征指标川芎嗪、总黄酮；修改了理化指标；完善了检测方法等

3.2.3　知识产权保护

在现代生物技术与智能化装备快速发展的产业背景下，传统酿造调味品产业知识产权保护与技术进步和装备更新密切相关。从知识产权保护角度分析，具体表现为专利的申请与保护两方面。通过分析“十五”至“十三五”期间酱油、食醋行业的专利申请数量，并对专利进行分类与对比，分析该过程中我国传统酿造行业的技术与装备的变化规律及发展趋势。

1. 酱油

专利检索以“十五”至“十三五”（截至 2018 年 9 月）为时间范围，检索酱油领域工艺设备的专利数量及其发展情况，检索国别包括中国、日本、韩国、美国以及欧洲各国，检索数据库为 PATSNAP 全球专利数据库。

基于上述检索策略，获得相关专利检索结果（已去重）。针对这些专利，从整套工艺装置、发酵过程分段处理、废物利用、节能减排、绿色清洁生产技术、菌种改良、新菌种挖掘、发酵剂配比、工艺改善、添加剂研究、原料配比、复合调味品开发、功能性调味品开发等不同角度进行统计分析，分析“十五”至“十三五”期间酱油行业的技术与装备发展历程，对比结果如图 3.10 所示。

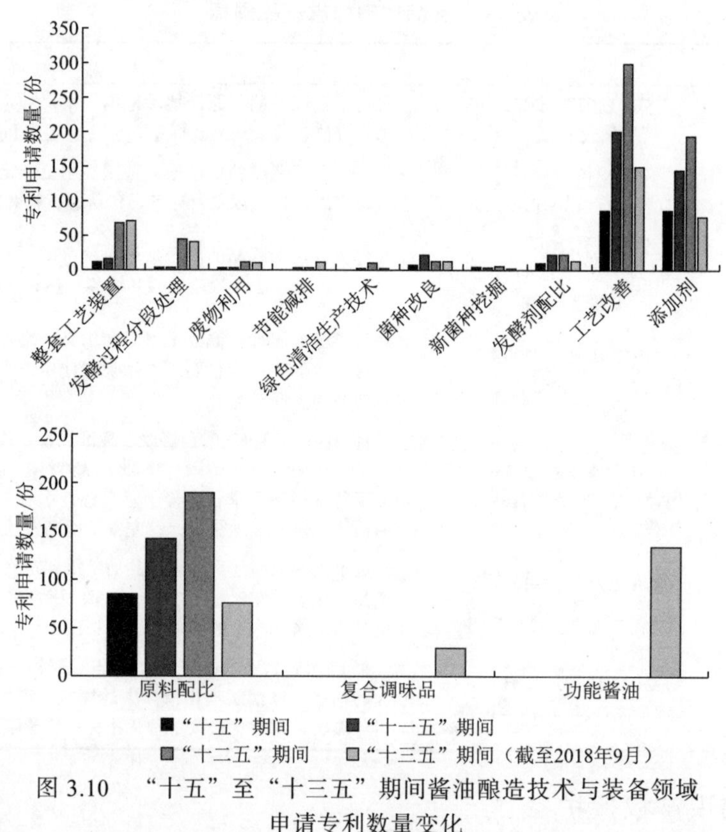

图 3.10　“十五”至“十三五”期间酱油酿造技术与装备领域申请专利数量变化

从不同角度对酱油行业中专利的申请与保护发展过程进行分析发现，“十五”至“十三五”期间，发酵工艺改善与添加剂研究始终是重点领域；整套工艺装置、发酵过程分段处理显著增多，“十三五”以来与节能减排技术相关专利数量增长加快；与此同时，酱油产品形式不断丰富，功能酱油与复合调味品的专利保护数量显著增加；然而，酱油发酵过程中新菌种挖掘与菌种改良始终处于一个相对较低的水平，亟需进一步强化。

2. 食醋

从不同角度对食醋行业中专利的申请与保护发展过程进行分析发现

（图 3.11），“十五”至“十三五”期间，与酱油行业的发展历程相近，食醋行业中添加剂研究始终是本行业的重点领域；整套工艺装置、发酵过程分段处理、绿色清洁生产技术呈增多趋势，尤其是“十三五”以来数量增长加快；此外，食醋的产品形式不断丰富，功能醋与复合调味品的专利保护数量显著增加；然而食醋发酵过程中新菌种挖掘与菌种改良方面，仍亟需进一步强化。

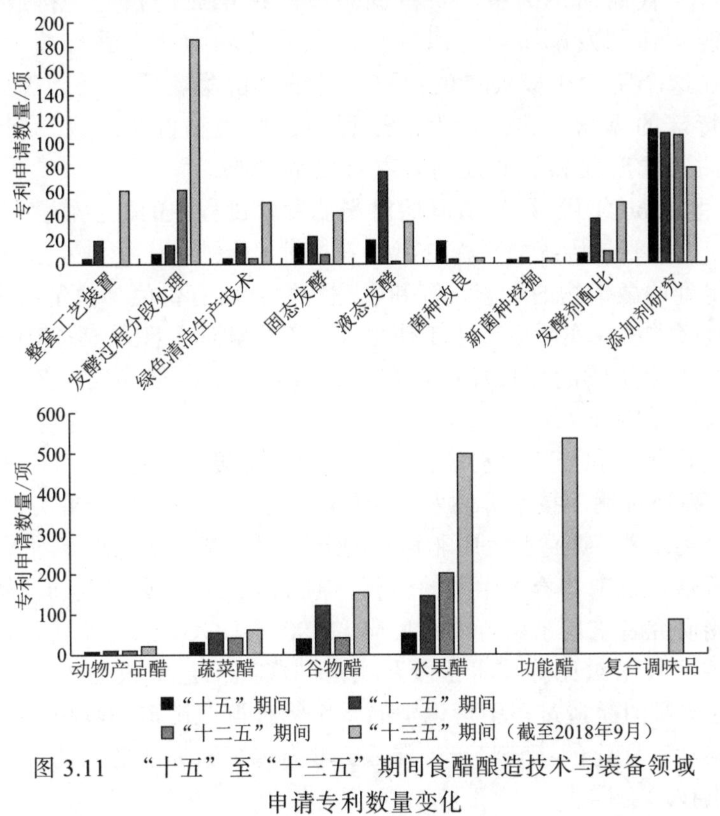

图 3.11　“十五”至“十三五”期间食醋酿造技术与装备领域申请专利数量变化

3.2.4　生物基础科学研究深化，加快酱油行业技术革新

传统酿造酱油有着悠久的发展历史，是劳动人民的智慧结晶。传统酿造过程是由众多微生物参与的生物转化过程，这些功能微生物能够产生不同的酶类，催化发酵过程中原料的降解与风味物质的形成，赋予调味品独特的风味和重要的营养价值。

随着现代生物技术在传统酿造调味品中应用的开展与逐渐深入，酿造酱油中微生物群落多样性、发酵过程中微生物菌落变化规律、核心酶系的组成与代谢规律的研究日益深入，这对实现发酵过程调控，提高酱油的原料利用率、风味与功能，提升调味品品质具有重要的科学意义和产业应用前景。

1. 传统酿造酱油微生物群落的研究进展

酱油作为传统发酵调味品，长期以来因其独特的色、香、味等特征深受消费者喜爱，是百姓餐厨中必不可少的一种调味品。酱油酿造过程中制曲和酱醪发酵是两个关键的工艺环节。制曲阶段主要是以曲霉（如米曲霉、酱油曲霉等）代谢活动为中心进行固态发酵，生成的物质是构成酱油风味的主要来源；酱醪发酵主要是以耐盐性乳酸菌和耐盐性酵母菌为主进行液体发酵，在这个阶段生成大量的乙醇、甘油等醇类物质以及芳香族化合物，赋予酱油特殊的风味。在酱油发酵过程中，微生物群落组成、演替和功能代谢对酱油风味形成和品质提高有着重要的影响。

自 20 世纪 60 年代，研究者开始对酱油发酵过程中的微生物多样性进行研究，研究方法主要是传统的平板分离培养技术。传统微生物培养法有利于了解分离纯化得到的微生物的形态特征和生理特性，对有价值的微生物进行保藏、应用等，但该方法在实际应用中工作量大、流程烦琐，且人工模拟的环境与酱油发酵过程中微生物的生长环境存在一定偏差，不能准确反映微生物群落组成、分布及变化特征。

随着生物化学和分子生物学技术，如变性梯度凝胶电泳（DGGE）、荧光定量技术、高通量测序技术等的发展应用，微生物多样性的研究方法不再局限于传统的分离培养。研究者运用非培养的分子生态学方法实现了对发酵微生物群落中不可培养或未培养微生物的检测，对微生物进行更深入的了解。

有不同研究者采用了聚合酶链反应（PCR）-DGGE、宏基因组学、微生物纯培养和测序技术对比等技术手段开展不同酱油工艺中微生物群落组成的研究。这使传统酱油酿造过程中待识别的微生物种群范围进一步拓宽，对复杂酶系的组成与动态变化的认知将更加深入，可为传统酱油酿造工艺革新、产品品质调控提供技术支撑。

2. 传统酿造酱油功能微生物的研究进展

酱油发酵过程实质是微生物的代谢过程。原料中的蛋白质原料、淀粉原料等在蛋白酶、糖化酶等各种酶作用下，经过复杂的代谢过程，最终发酵成酱油。高盐稀态酱油酿造过程需要多种微生物的协同作用。这些微生物包括米曲霉、酵母菌、乳酸菌及其他细菌。微生物通过自身正常代谢，能够生成不同的代谢产物。与此同时，微生物通过自溶作用也会释放多种营养物质，这些物质经过相互反应和多级转化，构成了酱油的丰富内容物。

米曲霉是酱油酿造中使用最广泛的一种微生物。米曲霉在酱醪中通过复杂的酶系发挥作用。国内酱油生产厂家普遍使用沪酿 3.042 菌株，其菌粉的制作也已实现工业化。黑曲霉多用于与米曲霉混合制曲发酵酱油，可以使酱油中谷氨酸上升到全氮60%左右。经研究者测定分析发现，黑曲霉中酸性蛋白酶含量比沪酿3.042增加16倍。

研究证明，在高盐稀态酿造酱油工艺中可以添加的酵母包括主发酵酵母和后熟发酵酵母。主发酵酵母主要指鲁氏接合酵母，能提高酱油的鲜味和焦糖型风味，在发酵前期加入。后熟发酵酵母主要指多变假丝酵母、球拟酵母等。多变假丝酵母代谢产物中的酚类化合物，可以使酱油产生丁香香味和烟熏味。球拟酵母属于酯香型酵母，与酱油的呈香水平有关。然而，球拟酵母过量添加会产生过量乙酸、烷基苯酚等强刺激的香味物质，导致酱醪香味恶化。

从酱油酱醪中分离出的细菌有乳酸菌、芽孢杆菌等。对酱油发酵有帮助的细菌主要是乳酸菌，还包括四联球菌、植物乳杆菌、嗜盐片球菌等。而芽孢杆菌则会降低酱油原料利用率，还会大大败坏酱油的风味。

酱油发酵是一个漫长且复杂的过程。在不同的发酵阶段，各种微生物协同或抑制，产生一系列生化反应，最终决定了酱油的品质。因此研究酱油发酵过程中功能微生物的代谢调控，对提升酱油酿造工艺及改善酱油品质均具有重要影响，是酱油酿造过程中的关键科学技术问题，亟需深入研究。

3. 传统酿造酱油酶制剂研究与应用

酱油是应用曲霉制曲后经发酵而制成的。曲霉最重要的作用是生成各种酶类，通过酶的作用将原料中的大分子分解成小分子物质，构成酱油呈味物质、风味物质及其前体。制曲的目的是通过培养微生物而获得以蛋白酶为主的各类酶系。蛋白酶将蛋白质分解成多肽，然后肽酶将多肽分解成氨基酸。普通酱油会含有4%～15%的高级肽。

酿造酱油专用酶制剂多含有真菌淀粉酶、复合蛋白酶、纤维素酶、植酸酶、果胶酶等多种酶系，能强化和补充酱油酿造中微生物酶系的不足，从而提高酱油的发酵效率和风味。日本从20世纪70年代开始对酱油生产过程中酶制剂的应用进行研究，从黑曲霉、根霉、枯草杆菌中提取各种酸性、中性、碱性蛋白酶并试验商品化，至今还应用蛋白酶作为酱油制曲辅助剂，加速原料分解，提高原料利用率。

酶制剂在酱油酿造中的应用经过长期探索研究和生产实践表明，无论是用酶制剂来强化补充酱油曲中酶系不足，还是部分或全部替代酱油曲，在酿造酱油生产中添加酶制剂都能显著提高原料利用率，改善酱油风味。随着酶制剂工业发展，酿造复合酶开发，酶制剂应用技术进步，酶制剂应用于酿造酱油生产将取得更大发展。

4. 传统酿造酱油风味研究与品质提升技术

风味组学研究结果表明，酱油的香气主要受酯、醇、酚、呋喃酮类化合物的影响，酱油滋味主要受产品中氨基酸态氮的含量影响较大。原辅料、发酵工艺、菌种选择等均会对酱油产品风味和品质产生相关影响，可通过优化以改善酱油风味与品质。因此，在此基础上建立酱油的提升品质体系，控制酱油产品品质，为酱油产品的生产及质量控制提供依据，为酱油行业的健康发展提供借鉴，具有重要的意义。酱油的香气和滋味一般都与原料种类及配比、菌种和发酵工艺有关，两者是相辅相成的。

从原料选择角度分析，五碳糖的上色较快，呈棕褐色，六碳糖上色呈红褐色，而麸皮中含有较多的五碳糖，淀粉中含有较多的六碳糖。若想生产颜色较深的酱油（如老抽），在原料配比上麸皮含量应多一些；若生产浅色酱油（如生抽），淀粉含量应较多。

从菌种选择方面分析，可以选择多菌种酿造工艺和对菌种进行改良以提升酱油的品质。不同研究者分别开展了曲霉、酵母等菌种的复配与添加研究，并获得了酱油风味和色泽得到显著提升的菌种配比，为后期酱油酿造工艺的菌群改良与工艺革新提供了研究基础。

从发酵工艺角度分析，发酵温度和时间对酱油的香气和滋味有重要的影响。一般来说，发酵时间越长，酶解越充分，酱油的风味越好，但颜色也会较深。发酵温度与所用菌种的最适温度有关，因此需根据所选用的菌种合理设置发酵温度。与此同时，发酵温度及时间通过影响美拉德反应来影响色泽。在实际生产中应综合考虑酱油的品质来选取合适的工艺。

3.2.5　科技创新引领酱油生产工艺提升与专业设备升级

1. 传统酿造酱油生产工艺革新

我国酱油酿造至今已有 2000 多年的历史，其质量的优劣与生产工艺有着至关重要的联系。目前，我国酱油酿造工艺主要分为低盐固态发酵法和高盐稀态发酵法。

（1）传统酱油酿造工艺

1）低盐固态发酵法。目前低盐固态工艺是国内大多数中小型酱油企业的常用生产工艺，主要以脱脂大豆、麸皮为原料。其工艺特点为：①发酵周期短（一般在 25 d 左右）；②发酵过程中食盐含量较低；③发酵温度较高（原料内部能达到 45℃左右）；④麸皮在原料配比中的含量较高；⑤采用浸出淋油法，设备简单易操作。但是此工艺获得的酱油产品在质量和香气方面明显不如高盐稀态发酵酱油。低盐固态发酵的工艺流程如图 3.12 所示。

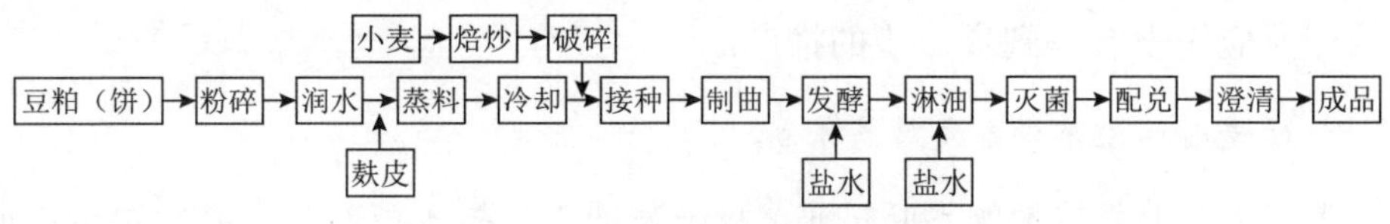

图 3.12　低盐固态发酵工艺流程

2）高盐稀态发酵法。工艺流程如图 3.13 所示。因为气候、温度的原因，该法在南方地区应用较多，主要应用于广式酱油酿造。其主要以大豆或脱脂大豆、面粉或小麦为原料。其工艺特点为：①发酵周期长（一般在 6 个月左右）；②生产过程中所需的设备投资较大，自动化程度较高；③酱醪中食盐含量较高。该工艺生产的酱油产品氨基酸态氮含量高，风味醇厚，营养物质丰富，远超其他发酵工艺所获得的酱油产品。

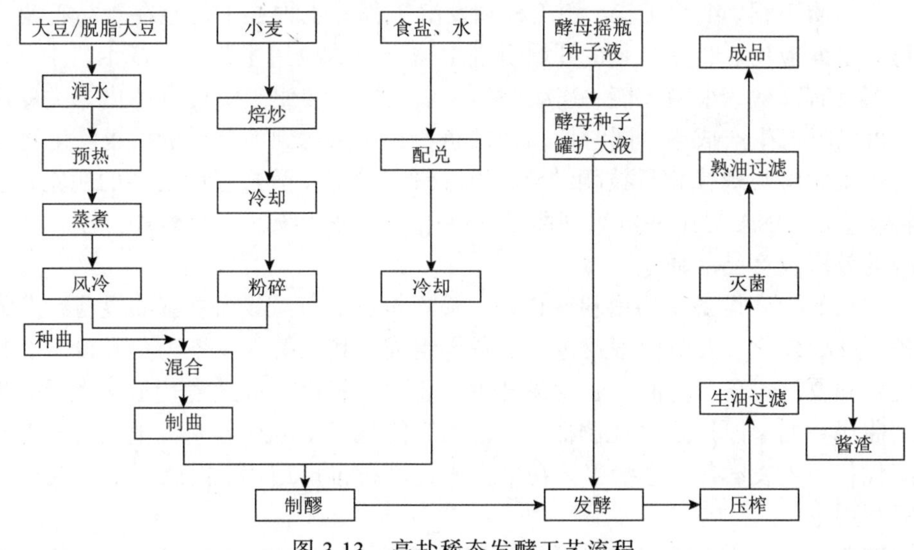

图 3.13　高盐稀态发酵工艺流程

（2）多菌种制曲发酵工艺

制曲主要是通过米曲霉等有益微生物在适宜的条件下大量繁殖，同时尽可能减少有害微生物的繁殖，利用霉菌在繁殖过程中产生的大量酶系（蛋白酶、淀粉酶、纤维素酶、脂肪酶和氧化酶等）作为原料分解和转化合成的物质基础，因此曲料的制备直接影响酱油原料的利用率、淋油效果及酱油质量。

（3）酱油产品品质与功能化提升

近年来，我国酱油行业的科研人员为了改进酱油酿造技术和产品质量，从许多方面对酱油生产进行了不同层次的探讨，并取得了一些进展，如多菌种制曲发酵工艺、挤压膨化技术对原料的预处理、混合酶制剂的研究等，但是规模化的产业应用没有得到进一步的推广。

2. 酿造酱油生产设备发展与革新

近年来，随着技术的不断进步，我国酱油工艺技术革新和产品发展步伐加快，工业化水平和生产规模快速提高；同时，随着居民消费水平不断提高以及健康意识不断增强，高盐稀态发酵因其产品品质高、香气成分好、营养物质丰富，正逐渐取代低盐固态发酵工艺，引导我国酱油行业水平不断提升。

目前，酶在酱油酿造中的应用范围日益扩大。酶法酱油，是以酶制剂代替制曲，经制醅后熟，再添加生香酵母，或用固定化生香酵母制成的现代化酿造酱油。酶法酱油在生产工艺中需要保持一定的酿制时间，有条件的情况下宜用固体粗酶或酶的发酵液、浓缩液，可降低生产成本。

蛋白质工程、细胞工程、酶工程和发酵工程等生物技术已经在食品工业中获得一定的应用。部分企业也开始引进生物反应器应用于酱油生产工艺中，该反应器具有高效、小型节能、连续操作、系统控制和便于实现自动化等优良性能，可以降低生产成本，同时使酱油的色、香、味达到消费者的需求。生物技术将传统发酵与现代化科技相结合，通过研究确定发酵过程中需要的酶系，进而将相应的 DNA 提出并重组到曲霉细胞中，打破传统的发酵模式，提高酱油发酵的效率及产品品质。

酱油的生产设备主要由粉碎设备、输送设备、蒸煮设备、制曲设备、发酵设备、过滤设备、灭菌设备及包装设备等组成。其中关键设备为蒸煮设备、制曲设备和发酵设备。酱油行业设备升级主要包括管道连续蒸煮代替蒸煮锅、圆盘制曲代替曲室厚层通风池制曲、全自动智能化发酵罐代替水泥池发酵、浇淋发酵代替池式发酵等，这些工艺在生产中逐渐被推广应用，提高了生产效率和原料利用率。

随着酱油生产企业对产品质量认识的转变，生产流程中的工艺和装备会不断改进；同时企业需逐渐完善计算机系统对生产工艺进行控制管理，制曲、发酵等设备必将向大型化、自动化方向发展，提高生产效率，降低运行费用，提升产品质量。

3.2.6 生物基础科学研究深化，加快食醋行业技术革新

食醋是单独或混合使用各种含有淀粉和糖的物料、食用酒精，经微生物发酵酿制而成的液体酸性调味品。作为食醋生产和消费大国，我国的酿醋技术历史悠久，食醋品种繁多，是古代文明科学文化成就的重要组成部分。食醋不仅可以提供独特的口味，还具有防腐灭菌、抗氧化、抗糖尿病、抗癌症、抗肿瘤等多种保健功能。

1. 传统酿造食醋微生物群落的研究进展

传统食醋的酿造多为开放式多菌种混合发酵，原料的复杂性和环境的开放性造就了食醋微生物群落的多样性和复杂性。早期人们主要基于纯培养的方法，通过比较微生物的形态、培养特征、生理生化特征对酿造食醋中的微生物进行研究。由于酿醋环境中 99%的微生物不可培养，依靠纯培养的研究方法已经很难检测出主要功能微生物的种类及丰度变化。

不同研究者利用 Illumina 测序技术、焦磷酸测序技术、克隆文库、DGGE 和实时定量 PCR 等技术，研究了中国传统名醋固态发酵过程中微生物群落的动态变化规律，揭示不同食醋中主要细菌、真菌等的组成与演变规律。从目前研究结果来看，不同酿造食醋中微生物的种类有极大差别，可能与原料、工艺及地理环境有较大关系。而这种差异也可能是不同食醋风味等品质差异较大的重要原因之一。

2. 传统酿造食醋功能微生物的研究进展

传统食醋中风味物质和活性物质的生成，与发酵过程中微生物群落的代谢活动密切相关。这些物质的产生途径包括：直接通过微生物的合成代谢作用产生，或由微生物代谢产生相关酶系降解原料产生，或由微生物合成前体物质。目前，人们对传统食醋酿造机理的理解还不够深入，对其多菌种混合发酵体系研究也不够透彻，主要表现在以下方面：①对传统酿造食醋工艺中微生物群落结构的复杂性、多样性及功能情况理解不深入，局限于醋酸菌能发酵乙醇为乙酸；②对微生物群落与风味/生理活性物质之间的相关性认识相对匮乏，对合成这些物质的微生物代谢机制研究甚少；③忽视了食醋中风味物质的多样性及其保健功能（生理活性物质）的研究。

我国自 20 世纪 70 年代起，利用从传统酿造食醋中分离筛选、诱变育种等方式，先后得到了醋酸菌、黑曲霉、乳酸菌、白曲霉等优良菌种，提高了原料利用率和出品率，改善了产品风味品质。随着技术的不断进步，研究传统酿造食醋中微生物群落结构与功能的相关性，需要对微生物群落组成、群落代谢功能有详细和系统的分析，在此基础上采用多种统计方法分析二者之间的相关性，挖掘数据背后的生物学意义，才能有针对性地对酿造过程进行调控，用标准化手段规范传统工艺，从根本上对传统食醋酿造工艺进行科学的继承和创新。

3. 传统酿造食醋酶制剂研究与应用

酶制剂在食醋中的使用最早源于 20 世纪 70 年代的上海，研究者首先用酶法液化糖化，液态酒精发酵液在充气发酵罐中进行食醋发酵。然而，单一酶制剂的使用使得食醋产品的风味与传统食醋有一定的差距。研究者为了解决目前糖化酶加活性干酵母的固态法制备食醋风味欠佳的问题，有针对性地研制了一种新型的富含纤维素酶、酸性蛋白酶、淀粉酶、果胶酶、木聚糖酶、植酸酶和酯化酶等多种酶系的酶制剂。大生产试验结果表明，改良后食醋产品的风味改善，出品率明显提高，经济效益显著。

将酶制剂技术和比较先进的酒精工业与传统制醋工业相结合，在我国近代制醋工业中取得重大技术突破，淀粉酶、糖化酶、酸性蛋白酶等酶制剂的应用为食醋工业现代化生产闯出了崭新的途径。

4. 传统酿造食醋功能研究与产品开发

食醋作为一种富含营养的酸性调味品，不仅具有一定的鲜味和香气，还具有多种医疗保健功效。食醋中的有机酸除乙酸外，还包括苹果酸、柠檬酸、抗坏血酸、丙酸、酒石酸、乳酸、琥珀酸等组成成分。食醋中还含有氨基酸类、糖类、酯类、无机盐类等。食醋中的氨基酸有 18 种，包含人体 8 种必需氨基酸。除上述物质外，还含有维生素 B_1、维生素 B_2、维生素 B_6 以及铁、钠、钙、锌、磷、铜等矿质元素。

食醋中这些有益的功能成分赋予了食醋特殊的生理功效：①促进消化吸收，改善新陈代谢；②抗菌、灭菌、抗病毒作用；③抗氧化、抗衰老作用；④降血糖、降血脂、降胆固醇、降血压、护肝作用；⑤抗癌、抗肿瘤作用等。食醋的保健功能也逐渐被人类所认知，并受到越来越多的重视，食醋不断向保健型转变已成为大的趋势。因此，保健醋是我国调味品行业的发展方向之一。

3.2.7　科技创新引领食醋生产工艺提升与专业设备升级

近年来，我国食醋工艺技术革新和产业发展步伐加快，工业化水平和生产规模提升较快，提高了生产效率和原料利用率，食醋总产量也出现较快的增长。食醋酿造设备主要有物料输送设备、粉碎设备、旋转蒸煮锅、制曲机、制醅机、发酵罐、灭菌设备、包装设备等。

随着国家对行业高质量发展的要求和劳动力成本的上升；现有食醋企业对智能制造更加重视，尤其是人工智能应用，更为行业带来了新的机遇和挑战。食醋企业未来需更加注重数据的价值，不断进行自我创新、自我变革和自我进化，如恒顺醋业的智能制造项目就入围全国智能制造示范项目。“食醋酿造智能工厂项目”是恒顺醋业顺应《中国制造 2025》规划，通过信息化与工业化深度融合来实现传统调味品制造业的智能化转型，通过产业链、供应链和智能装备间的互联互通和态势感知，提升食品安全全程保障和精益化生产能力。

3.3　我国传统酿造酱油行业发展现状

3.3.1　我国传统酿造酱油发展历史

酱油起源于中国，最早是从豆酱的生产过程中汲取其汁，后逐步发展为一种独立的生产工艺。早在 3000 年前的西周已有对酱的文字记载，当时酱统称为“醢”。《周礼》中“治官之属六十六”中就有“醢人”的官职，对“醢人”的职务描述为“醢人掌四豆之实”。“四豆”指的是“朝事之豆，馈食之豆，加豆之实，羞豆之实”，是以肉为主要原料制作而成的。这些以动植物产品为原料（以动物性原料为主）的“醢”的具体制作工艺，东汉郑玄的注释是“醢，肉汁也；昌本，菖蒲根，切之四寸为菹。三臡，亦醢也。作醢及臡者，必先膊干其肉，乃后莝之，杂以粱、麴及盐，渍以美酒，涂置甀中，百日则成矣”，即先将各种肉料切成丁或末状，拌上米饭、曲、盐后以酒腌制，装进坛子封存一百天，醢就形成了。根据郑玄的注释说明，当时的“醢”已经是经过发酵的食品。随着农业生产的发展，当谷物成为人们的主要食物，豆类逐步被用于替代肉类进行发酵，出现了以豆类为主要原料的发酵食品。《周礼》“选百羞、酱物、珍物，以俟馈”“食医掌和王之六食、六饮、六膳、百羞、百酱、八珍之齐，食齐眡春时，羹齐眡夏时，酱齐眡秋时，饮齐眡冬时”的记载中所说的“酱物”等即广义上的“酱”。我国传统酱油发展历史如图 3.14 所示。

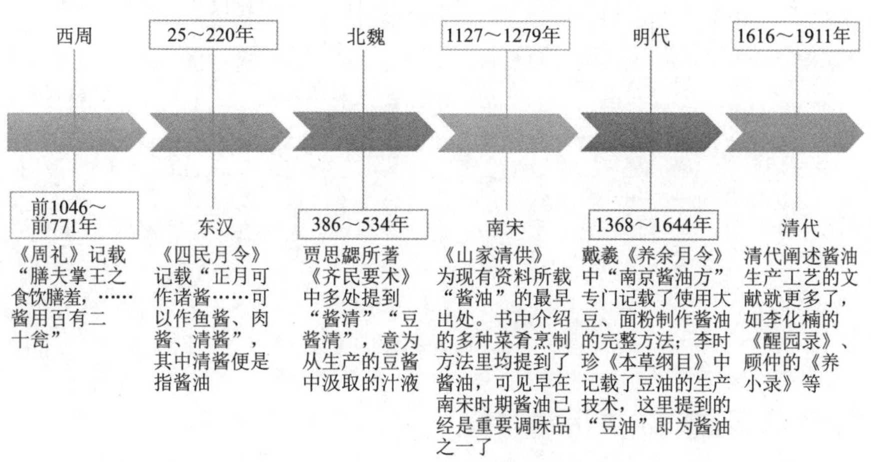

图 3.14　我国传统酱油发展历史

在湖南长沙东郊的马王堆一号汉墓经考古发现，出土的陶罐中的食物遗存物即是豆制品，出土的简文“酱”字即豆酱。该考古发现证明，我国早在 2100

多年以前就已经以大豆为原料制作豆酱。而关于豆酱制作方法的文字记载，东汉后期的农业著作《四民月令》中提到“清酱”。北魏贾思勰所著的《齐民要术》“作酱法第七十”中，“以豆合面而为之”对酱的制作做了详细记载。《齐民要术》中很多地方记有“酱清”和“豆酱清”，表明是从酱中取其汁而制得。

正式出现“酱油”名称是在宋代。北宋释赞宁《物类相感志》及南宋赵希鹄《调燮类编》中有“作羹用酱油煮之妙”的记载。南宋林洪著《山家清供》中数种菜的制作均有用“酱油”作为佐料的记载。它是目前发现的十分明确使用“酱油”一词的最早文献史籍。从宋代的文献可知，北宋已开始使用“酱油”名称，到了清朝除用酱油二字外，有依古名称称作“清酱”的，而且“清酱”这一称呼现在还被华北及东北农村所沿用。《齐民要术》所记载酱清生产是固态法两种曲制酱，再补充酶浸出液及盐水进行稀发酵。酱清的出现，表明酱油与酱已开始分开生产。到了明代才发现有关酱油生产工艺的记载，明朝《本草纲目》中的“豆油法”及《养余月令》中的“南京酱油方”已经发展为独立的酱油生产工艺。《养余月令》中“南京酱油方”详细地叙述了大豆、面粉制酱油的操作方法，特别是淋酱油法及对酱渣的利用，淋油后的残渣，加盐及水再晒，将其中可溶性成分淋取（二淋），脚豆（二淋后的渣滓）晒干收之，可当豆豉，是早期大豆酿造不出渣滓的工艺。随着各种酱油工坊在清代的大规模出现，酱油开始迅速发展，逐渐成为人们生活中不可或缺的调料之一。酱油称谓的流变如图 3.15 所示。

图 3.15 酱油称谓的流变

3.3.2 近代酱油的发展历程

随着生产工艺的提高及科学技术的应用，近代酱油制造业有了质的提升，逐渐摆脱长期以来的手工作坊式生产，转为规模化生产。改革开放后，国家越来越重视酱油工业的发展，不断采用先进技术，使我国酱油工业迈入了现代化。

酱油的生产工艺从天然晒制发酵到现代工业化生产，从单一菌种发酵到混合菌种制曲发酵，酿造工艺也发生了较大的改变。酱油的生产工艺革新和技术进步可归纳为以下几个方面：①生产原料改变与精细化配比；②多菌种制曲技术不断发展；③微生物代谢调控技术；④酱油产品细分化，营养健康成为新导向。

1. 生产原料改变与精细化配比

酿造酱油是以大豆或脱脂大豆、小麦和麸皮为原料，经微生物发酵制成的。我国传统酿造酱油以大豆为主要原料，大豆是酱油中氮成分的主要来源。20 世纪 80 年代，酱油改用脱脂豆饼（粕）为原料。豆粕残油含量低，蛋白质含量高，水分少，呈片状或颗粒状，可直接用于酱油生产。用脱脂大豆生产酱油的优点主要为脱脂大豆比大豆更经济。豆粕价格低，蛋白质含量较高，酱油的出品率也优于大豆；脱脂大豆在加工过程中被压扁，细胞膜组织破碎，一方面易吸收酱油原料，另一方面微生物更易生长繁殖，并且破碎的颗粒菌丝生长面大，更容易酶解，原料利用率更高；脱脂大豆仅脂肪含量低于大豆，在现有生产条件下，豆粕与大豆所酿制的酱油的风味区别不显著。

在 20 世纪 50 年代，为了节约粮食，用麸皮代替小麦。现阶段有的企业改麸皮为小麦或改部分麸皮为小麦，有的企业仍然使用麸皮。原料配比也越来越精细化，不同豆粕、小麦、麸皮的组合的比例更加明确。在生产过程中，增加小麦淀粉含量是提高酱油产品质量的重要措施，补充方法因工艺而异。优质麸皮质地疏松，加入适当比例，有利于制曲和提高酶活力，利于滤油等过程。

2. 多菌种制曲技术不断发展

20 世纪初期，酱油酿造过程利用的是环境中的野生菌，而野生菌生长时杂菌易共生，成曲的质量难以得到保证。随着生物技术的发展，微生物纯培养法逐渐被应用于酱油生产过程。1957 年，我国微生物工作者从福建永春酱油曲中分离出中科 AS 3.863 米曲霉，并在全国酱油生产中进行推广。1967 年，上海市酿造科学研究所的林祖申等采用紫外线诱变和高蛋白质培养技术手段，获得了沪酿 3.042 米曲霉新种（中国科学院收藏编号为 AS 3.951）。其蛋白酶活力比原菌株提高了 30%，具有孢子多、生长快、适应性强、易培养等优点。目前仍占国内酱油生产菌种份额的 90%以上。

单菌种制曲虽然克服了天然制曲中季节性生产质量不稳定、酶活力低等不利因素，但是生产的酱油风味与多菌种发酵和天然发酵酱油的风味存在差距。这是由于酿造酱油生产是多菌种发酵的过程，多菌种制曲能产生更多酶系，有利于酱油酿造过程中蛋白质和淀粉的分解与利用、风味的形成等过程。因此，多菌种制曲是高品质酱油酿造过程中制曲研究的重要方向。

3. 微生物代谢调控技术

微生物代谢和控制与酱油的质量、风味、香气等密切相关。酯类物质是酱油风味中的重要组成成分，而醇类物质是形成酯类物质的基础，酯化酶起着催化作用。酱油酿造过程中的制曲环节添加有酯香味的成曲，能补充发酵过程中酯化酶的不足。在酱油发酵过程中，依照产品质量要求添加适当的菌和酶，实现多酶共酵可提升产品质量。酱油生产过程中，不同酶催化的适宜温度、反应时间各不相同。通常情况下，淀粉酶的最适温度为 55～60℃，蛋白酶和肽酶的最适温度为 40～45℃，脂肪酶、醛缩酶和果胶酶等的最适温度为 30～35℃。通过适当调控温度，现多以低温发酵来实现多酶共酵的外部条件。

4. 酱油产品细分化，营养健康成为新导向

近年来，功能性酱油如红烧酱油、鲜味酱油、海鲜酱油等因能满足消费者差异性需求逐渐受到欢迎，其中鲜味酱油由于含盐量低，鲜味十足，成为生抽和老抽的升级产品，目前正迅速地发展。从酱油的品类演变（表 3.5）来看，酱油品类更加细分化，我国酱油的产品升级逐渐向功能化和健康化的趋势发展。

表 3.5　酱油品类演变过程

时间	酱油品种	发展历史
1990 年以前	其他酱油	以各地本土酱油为主
1990～1999 年	酱油	瓶装酱油逐渐取代散装酱油
2000～2009 年	生抽和老抽	以海天为主的生抽和老抽进入市场，很快受到消费者的欢迎
2010 年以后	功能化酱油	低盐酱油、零添加酱油等功能化、健康化酱油逐渐从沿海向内陆渗透，成为老抽和生抽的升级产品

3.3.3　酱油品牌市场竞争格局

调味品行业处于行业不断细分、市场不断集中的高速成长阶段。酱油产业是我国调味品行业的第一大产业，产销量和企业规模均居调味品行业首位，产业发展潜力巨大。近年来，酱油企业开始注重品牌发展、文化建设、标准建设及国际市场拓展，各方面都卓有成效，带动了调味品行业整体的发展。酱油产业龙头企业在渠道精细化、产品细分化之后，开始多元化经营，成为调味品行业的整合者。

据国家统计局公布数据显示（图 3.16），2001～2017 年我国酱油产量持续

增长。2001 年中国酱油年产量尚不足 160 万吨，2017 年我国酱油年产量已近 1000 万吨。近年来，酱油生产企业出现强弱分化，但是市场集中程度并不高。2017 年全国酱油、食醋及类似品制造企业数量为 426 家，调味品 100 强企业中酱油企业为 35 家（食醋企业 36 家），年产量万吨以上的企业数量占总数的 31%。酱油产业达到一定规模的企业相对比较少，大部分酱油企业规模小而分散。绝对集中度（CR*n*）是指规模尚处于前 *n* 位的企业在生产、销售、资产、雇员等方面的累计数量占整个行业该指标的比重，即规模排名靠前企业的市场份额之和，其能较为直观地反映一个行业内企业的规模情况。据中国调味品协会统计，以市场占有率为标准，2017 年我国酱油行业 CR5 约为 28%（图 3.17），对比日本酱油行业龙头龟甲万市场占有率 33.2%，我国酱油行业集中度仍有较大提升空间。

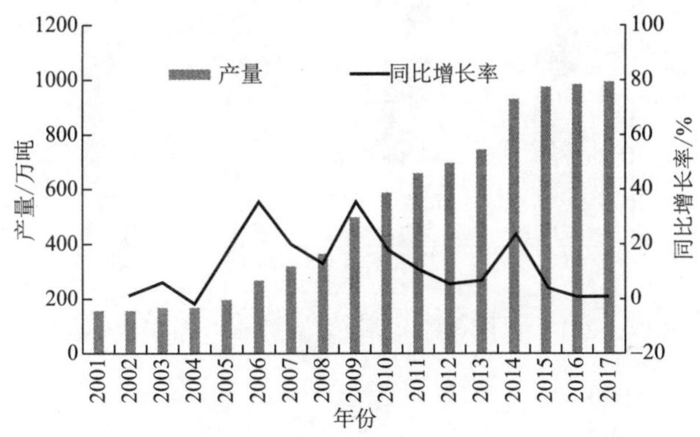

图 3.16　2001～2017 年我国酱油产量及增速

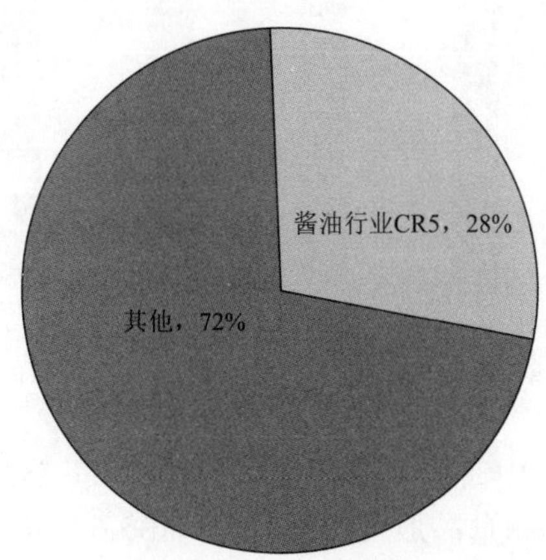

图 3.17　2017 年我国酱油行业 CR5

进一步对比分析中国调味品品牌 100 强企业的统计结果（图 3.18 和图 3.19）

发现，2014 年 100 强企业中酱油企业为 28 家，总产量 326 万吨；产量前三名企业分别为佛山市海天调味食品股份有限公司（130.4 万吨）、广东美味鲜调味食品有限公司（72.1 万吨）、李锦记（新会）食品有限公司（25.8 万吨）。前三名企业的产量占 100 强酱油企业总产量的 70%，占全国酱油总产量的 24%。从产量增速角度分析，酱油产量增长前三名的企业分别为鹤山市东古调味食品有限公司、北京市老才臣食品有限公司和东莞市永益食品有限公司，产量增长率分别为 65.4%、30.0%和 17.1%。

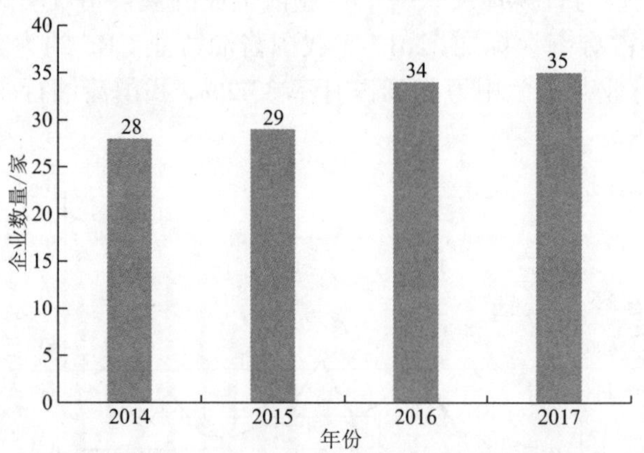

图 3.18　2014～2017 年中国调味品著名品牌 100 强企业中酱油企业数量

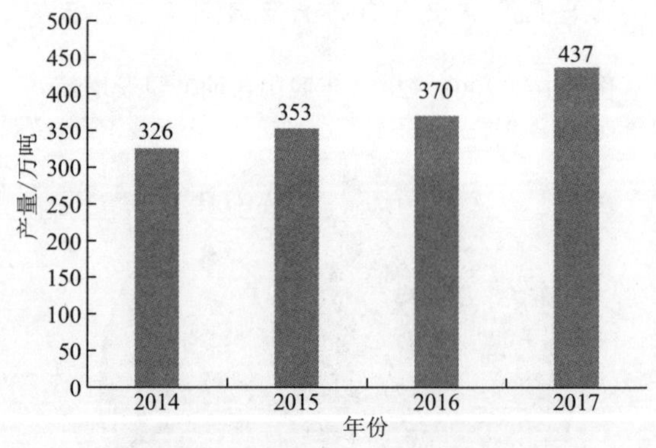

图 3.19　2014～2017 年中国调味品著名品牌 100 强企业中酱油企业产量

2015 年 100 强企业中酱油企业为 29 家，总产量 353 万吨；产量前三名企业分别为佛山市海天调味食品股份有限公司（135.6 万吨）、广东美味鲜调味食品有限公司（73.8 万吨）、李锦记（新会）食品有限公司（28.2 万吨）。前三名企业的产量占 100 强酱油企业总产量的 67%，占全国酱油总产量的 24%。从产量增速角度分析，酱油产量增长前三名的企业分别为山东鲁花生物科技有限公司、成都国酿食品股份有限公司和鹤山市东古调味食品有限公司，产量增长率分别为 60.0%、17.1%和 10.3%。

2016 年 100 强企业中酱油企业为 34 家，总产量 370 万吨；产量前三名企业分别为佛山市海天调味食品股份有限公司（147.4 万吨）、广东美味鲜调味食品有限公司（75.5 万吨）、李锦记（新会）食品有限公司（29.8 万吨）。前三名企业的产量占 100 强酱油企业总产量的 68%，占全国酱油总产量的 25%。100 强企业中，32%的企业的产量同比增长率大于 10%。

2017 年 100 强企业中酱油企业为 35 家，总产量 437 万吨；产量前三名企业分别为佛山市海天调味食品股份有限公司（166.1 万吨）、广东美味鲜调味食品有限公司（77 万吨）、李锦记（新会）食品有限公司（33.7 万吨）。前三名企业的产量占 100 强酱油企业总产量的 63%，占全国酱油总产量的 28%。

上述产业数据显示，酱油产业发展态势稳定，生产产量略微同比上扬。我国酱油行业仍在稳定发展，集中度逐渐提高。此外，国家政策、食品安全和消费升级三个方面的影响，将引导消费向大品牌集中。作为调味品重要的细分行业，酱油行业龙头企业不断扩张，新产品层出不穷，消费者需求不断提升，消费量稳步增长，产业内部调整和产业集中度发生了明显变化。

酱油企业呈现地域分布特点，华东地区最多，华南地区次之。华南地区调味品生产企业数量虽然并不是最多，但广东省内龙头企业比较集中，产销量占全国市场比重较大，产品的研发能力和技术较为领先，区域发展势头良好，省内囊括产量第一的企业、出口第一的企业以及技术研发领先的企业，在国内外市场均享有较高的盛誉，如海天、李锦记、美味鲜、致美斋、珠江桥等多家著名企业。酱油产业品牌发展各具特色，未来酱油行业有很大的发展空间，市场前景广阔。

目前，国内酱油企业分为四类，即全国品牌、地方品牌、外资品牌和家庭作坊。全国品牌主要是海天、中炬高新、李锦记等；地方品牌主要是四川千禾、广东致美斋、上海老蔡、北京金狮、北京老才臣、天津天立、福州民天、湖南龙牌、山东欣和；外资品牌主要是雀巢美极、龟甲万、和田宽、淘大；家庭作坊则主要是一些小品牌。酱油产业品牌发展各具特色，相得益彰，呈现出百花齐放、百家争鸣的局面。

3.3.4 酱油产品消费结构升级

随着居民健康意识的增强，尤其是在经历塑化剂、勾兑山西醋、苏丹红等一系列食品安全问题后，消费者对食品安全日益重视，在选择美味的同时，希望产品更天然、更健康。消费者的消费观已从“能吃饱”变为“味道好”，进而发展为“自然健康”，体现到酱油产品结构上为“传统酱油”到“高鲜”到“有机”概念；近 10 年的酱油产品结构升级可分为纵向对酱油概念升级以及横向对酱油功能细分。

1）纵向概念升级：从“好吃（生抽、老抽）”到“鲜味”、“高鲜”，进而至“原酿造”，当前主要为“有机”的消费概念。

2）横向功能细分：酱油行业产品的概念现已从“吃饱（传统、生抽、老抽）”提升至“好吃（鲜味、高鲜）”，并逐步向“健康（原酿、有机）”完善。

目前，我国高端酱油市场主要以海天、欣和、李锦记等企业为主，占市场的一半左右。2014 年以来高端酱油市场份额不断扩大，增速保持在 20%左右。2017 年高端酱油销售收入规模超过 138 亿元，占酱油市场比重接近 20%。据统计，高端酱油 2014 年无论从 63%的增长率还是 32%的渗透率来看，都要远高于全品类酱油分别对应的 26%与 3%，1 L 大于等于 16 元的高端酱油在全品类酱油中已占比 25%，而购买高端酱油的消费者数量也增长了 16%。

2016 年 5 月，国务院办公厅发布《关于开展消费品工业“三品”专项行动营造良好市场环境的若干意见》，部署开展消费品工业增品种、提品质、创品牌“三品”专项行动。政策的支持与引导，将进一步促进酱油产业品种品类的丰富以及质量水平的进步。这些都给调味品行业的发展创造了广阔空间和机遇。酱油产品将逐步从中低端向高端过渡，结构调整将是长期发展趋势，促进调味品行业发展。

3.3.5　酿造酱油行业在国民经济和社会发展中的地位

1. 显著提升酿造调味品产业产值

酱油产业是我国调味品行业第一大产业，产销量和企业规模均居调味品行业首位，涌现出多家龙头企业。2017 年，调味品著名品牌企业 100 强中酱油企业（35 家）总产量达到 437 万吨，同比增长 7.5%；产量在 5 万吨以上的企业占总数的 31%。

2017 年，酱油产品的平均价格延续 2016 年的增长趋势，略微上涨。行业内大型上市公司年报显示，酱油产品的价格均有不同程度的上扬。价格上扬主要是由消费升级驱动的。随着消费者消费理念和消费习惯的变化，高端产品和附加值产品占比提高，使调味品的平均价格有所提高。

酱油企业业绩的快速增长得益于以下几个因素。第一，随着经济的发展、人们生活水平的提高，国内消费升级趋势比较明显。酱油企业顺应发展趋势，大力研发新品，打造品牌形象，提升产品品质，取得了不错的效果。第二，随着企业产能不断提升，规模化生产开始体现。大规模产业化生产降低了生产成本，使企业利润增长超过收入增长，酱油市场品牌集中度不断提高。第三，国内网络订餐市场发展迅猛，带动餐饮渠道调味品销售提升。第四，企业新产品开发更加注重消费者体验与客户需求，开发的适销对路的产品打开了市场，促进销量和利润的上升。

2. 带动区域经济发展

当今社会对于酱油产业而言是充满机遇和挑战的。一方面，随着生活水平的提高，人们对调味品的需求在逐步增加，调味品品种更加丰富，品质不断提升。但同时，消费者的消费行为也发生了明显的变化，电商、外卖等新型商业业态的快速发展都对酱油行业提出了新的课题。面对挑战，酱油企业迎难而上，以创新为驱动，在产品、市场、渠道等方面不断取得新的突破，从而保证整个行业的平稳发展。

国家相继出台政策，倡导以建设特色小镇来提升区域经济发展。虽然全国各地以酱油、食醋产业作为特色的市县较多，但被国家层面认可的调味品特色小镇极少。建议政府对酱油、食醋产业区域集散地给予一定的政策支持，充分发挥其对新农村建设的辐射带动作用，促进农产品精深加工，增强农村发展内生动力。

3. 提高国民营养水平

酱油除了作为普通调味品外，还具有其他许多营养和保健作用。例如，酱油含有天然的防氧化成分，可显著减少自由基对人体的损害，其抗氧化功效可达维生素 C 和维生素 E 的十几倍。酱油作为大豆发酵产品，不仅含有豆类许多原有的营养成分，还含有人体所需的氨基酸。酱油不但含有丰富的营养物质，还含有类黑精、异黄酮、呋喃酮类等。这些成分使酱油具有降血压、抗氧化、抗菌、促进消化等一系列保健功能。

3.3.6　传统酿造酱油国际市场开拓

目前，酱油产业龙头企业在渠道精细化、产品细分化之后，通过全国性的广告宣传、多渠道营销策略和并购重组的方式快速扩张，并开始多元化经营，已在国内市场稳健发展。随着全球经济一体化进程的不断推进，东西方饮食文化融合和西餐调味品大量涌入，使得我国餐饮业市场和百姓厨房发生一系列变化，东西方饮食融合趋势不断显现。部分积极开拓国际市场的调味品企业针对国外消费者口味进行产品市场定位与新品研发。国家统计局数据显示，我国酱油出口量连年递增，2015 年出口量达到 11.74 万吨（图 3.20）。

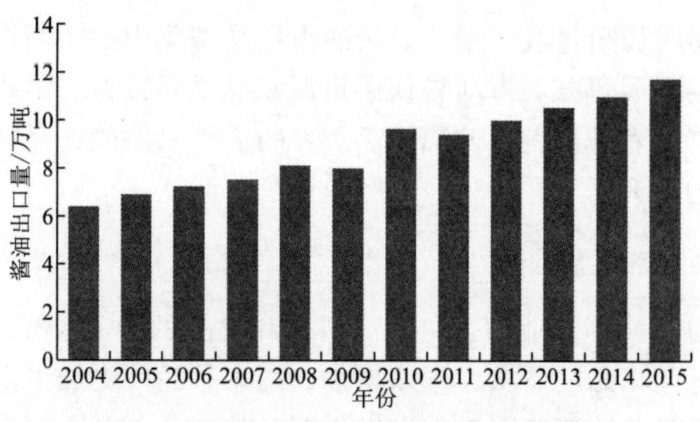

图 3.20　2004～2015 年我国酱油出口量

中国酱油产品的国际市场开拓已从现有产品的市场渗透，拓展到中西方饮食文化的融合阶段。中国酱油产品的国际市场渠道推广有四个方向：国际经销商的渠道；各大国际食品展会；中餐世界化的趋势推动，如联合国厨师文化交流推广活动、厨师节以及具有代表性的中华老字号餐饮企业在国外开店等，中国调味品随着中餐在世界餐饮业影响力的扩大，也快速地渗入国际市场；东西方饮食文化的融合，西餐的中式化或中餐的西式化，为中餐调味品的国际化带来了新的契机，国际影响力逐步增强。

3.4　我国传统酿造食醋行业发展现状

3.4.1　我国传统酿造食醋发展历史

食醋是我国的一种传统酿造调味品，有着悠久的历史（图 3.21）。中国是世界上最早使用谷物酿醋的国家，也是最早应用食醋的国家。食醋历史上有“醯”“酢”之称。3000 多年前周朝就已经有醋的记载，春秋战国时期民间也逐渐出现专门的酿醋作坊，汉代已开始普遍生产食醋，北魏农学家贾思勰所著《齐民要术》中更是详细罗列了醋的二十四种酿造方法，制作工艺进一步趋于完善，这也是我国现存史料中对谷物酿醋工艺的最早记载。《齐民要术》中“作酢法”独立成章，将制醋技术专门列为一卷，表明酿醋已和酿酒分开，酿醋已衍生为独立的行业。《齐民要术》对食醋工艺的记载包括以下几个方面：丰富的酿醋原料；熟练应用和制曲；快速的酿醋工艺；成熟的酿醋技术（温度、浓度、质量控制）；醋衣（即醋酸菌膜）和醭（主要为膜醭酵母）的认识。这些记载充分说明了当时我国酿醋工艺的先进性和多样性。到了唐宋时期，醋已经是人们饮食生活中的必备品。明清时期，随着技术的进步，酿醋业进一步发展。醋的品种日益增多，有米醋、麦醋、曲醋、糠醋、葡萄醋等数十种风味各异的食醋。因中国幅员辽阔、南北气候不同、各地消费习惯和口味不一，各地食醋的酿造工艺在选料和操作方面各具特色，人们在长期的酿醋生产实践中创造出多种富有地方特色的制醋工艺和品牌食醋。我国四大名醋之首的山西老陈醋便在这个时期开始鼎盛发展。

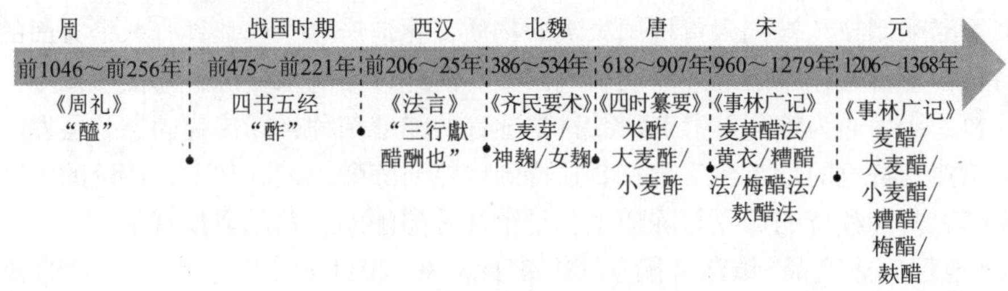

图 3.21　我国传统食醋发展历史

3.4.2　近代食醋的发展历程

我国食醋由于酿造原料和工艺不同，产品风味各异，根据原料可分为糖醋（用饴糖和糖渣类等原料制成）、酒醋、谷物醋、果醋、再制醋。谷物醋按照原料与工艺又可进一步细分为陈醋、香醋、麸醋、熏醋、米醋、谷薯醋几大类。我国地域广阔、物产丰富、南北气候差异较大。在长期的酿醋生产中我国各地人们按照本地历史、地理、物产和生活习惯，创造了多种富有特色的制醋工艺，打造了众多不同风味的品牌食醋，如山西老陈醋、镇江香醋、福建红曲醋、四川保宁醋、江浙玫瑰醋、天津独流（老）醋、喀左陈醋、北京熏醋、上海米醋、丹东白醋等著名食醋。这些品牌食醋均享誉中外，深受消费者喜爱。其中，山西老陈醋、镇江香醋、福建红曲醋、四川保宁醋为中国四大名醋。

1. 山西老陈醋

山西老陈醋的历史悠久。历史学家郝树侯对太原考证后认为，公元前 479 年晋阳城建立时就有酿醋者。随着食醋的生产和发展，明清食醋的发展达到鼎盛时期。清朝顺治年间，王来福首创了山西老陈醋的酿造工艺，这对产品质量的飞跃有非常重要的意义。据史料记载，山西老陈醋的传统工艺始创于明代清源县（现为清徐县），即山西老陈醋集团有限公司的熏蒸法，其以“绵、酸、香、甜、鲜”五大特征著称。2006 年，山西老陈醋传统制作技艺被列为国家级非物质文化遗产。

《地理标志产品　山西老陈醋》（GB/T 19777—2013）中规定：以高粱、麸皮为主要原料，以稻壳为辅料，以大麦、豌豆为原料制作的大曲为糖化发酵剂，经酒精发酵后采用固态醋酸发酵，再经熏醅、陈酿等工艺酿制而成。

2. 镇江香醋

镇江香醋是我国的传统四大名醋之一，产品具有“酸而不涩，香而微甜，色浓味鲜，越存越鲜”的特点。镇江香醋酿造采用优质糯米为主要原料，经传统的“固态分层”发酵工艺酿造制得，是典型的天然多菌种混合发酵产品。2006 年，镇江香醋酿制技艺被列入首批国家级非物质文化遗产名录，其具有八个方面的工艺特色：①得天独厚的地理环境和气候；②清纯甘甜的水资源；③优质糯米为酿造原料；④大曲为糖化发酵剂；⑤科学选育的醋酸菌种；⑥传统固态分层发酵工艺；⑦独具特色的炒米色工艺；⑧独特的后熟与陈酿工艺。其中，传统的固态分层发酵工艺和独特的后熟与陈酿工艺是镇江香醋酿醋工艺的典型特征。

《地理标志产品 镇江香醋》(GB/T 18623—2011)将其定义为：“产自镇江地区的一种风味独特的酿造米醋。以糯米、麸皮、大糠为主要原料，采用传统复式糖化、酒精发酵、固态分层醋酸发酵、加炒米色淋醋等特殊工艺制作，再经陈酿而成的香气浓郁、酸而不涩的食醋”。

3. 福建红曲醋

永春红曲醋产于福建永春县，也称福建红曲醋。福建红曲醋是将稻米经糖化、酒化、醋化陈年酿造而成的产品。这种陈醋具有浓厚特殊香味，酸度可达 8 g/100mL～10 g/100mL，而且久置不坏，加热时酸度不易挥发，口感好，酸中带甜，是我国传统名醋之一，具有独特的风味。其特点在于使用糯米、晚稻、红曲、白糖、芝麻为原料，采用红曲进行液化糖化、酒精发酵和醋酸发酵，陈酿方法也较为独特。

4. 四川保宁醋

保宁醋是我国四大传统名醋之一。保宁醋生产的主要原料是大米、麸皮，以药曲为糖化发酵剂，糖化、酒化、醋化同池发酵，并采用人工翻醅，低温、固态堆码，其发酵过程是典型的生料固态发酵，产品风味独特。

保宁醋采用药曲为糖化剂与米粥混合制作发酵剂，麸皮为主要原料，固态发酵、浸淋制醋的酿醋工艺。糖化、酒化和醋化等三边发酵同时进行，发酵温度相对均衡，因而每个过程不能严格进行区分。酿造食醋过程中，糯米仅作为发酵剂的原料，占混合原料的 9%～12%，麸皮在该工艺中既是主料又起到辅料和填充物的作用，麸皮占混合原料的 88%～91%。由于麸皮在酿醋过程中未经加热处理，保宁醋的工艺属于生料制醋。

与其他种类的酿造食醋相比，保宁醋主要具有以下特点：①生料酿造，通过原料将各种微生物带入酿造过程，边糖化边发酵；②独特的药曲，提供酿造所必需的各种粗酶；药曲中所含的部分中草药发挥一定的防腐作用，增加了发酵过程安全性的同时提供独特的中草药成分和部分风味物质。保宁醋具有独特的中草药香味，色泽鲜亮，酸味柔和适中，醇香回甜，经久不腐，成为我国传统药醋的典型代表。

5. 浙江玫瑰醋

浙江玫瑰醋以大米为原料，根据杭嘉湖地区四季气候温差变化，利用自然界的微生物或部分添加曲霉、酵母菌等微生物，经表面静置液态发酵法酿造而成，不添加任何色素、酸味剂、甜味剂。该食醋与普通食醋不同，它具有独特的玫瑰红色，有光泽，醋香纯正，酸味柔和绵长，稍有甜味，因此被冠以“玫瑰醋”之美誉。

浙江玫瑰醋传统生产工艺为投料期从农历立夏开始至大暑，到立冬发酵成熟，糖化期不少于 12 d。浙江玫瑰醋的生产工艺特色主要包括以下几点：浙江玫瑰醋的原料是大米；采用特制液体表面发酵工艺；玫瑰醋发酵过程中的微生物来源主要是草盖；酿造温度遵循前低、中高、后低的自然发酵规律。

6. 天津独流（老）醋

天津独流（老）醋是我国的传统名醋之一，其历史悠久、品质优良，深受国内外广大消费者的喜爱。独流（老）醋以黍米、高粱为生产原料，采用固态发酵工艺，其中醋酸发酵采用独特的分层发酵工艺，醋酸发酵阶段每天进行翻醅，但发酵前 15 d 只对发酵缸中上半层的醋醅进行翻醅，15 d 后将上半层与下半层醋醅进行轮换，然后仍然仅对上半层的醋醅进行翻醅，30 d 后醋酸发酵结束。这种独特的生产工艺使得独流老醋形成了独特的味感。

3.4.3　食醋品牌市场竞争格局

我国食醋的产地分布呈现较强区域性。受地方风俗和个人口味喜好的差异性影响，食醋也主要以地方品牌居多，“四大名醋”主要是在各自的产地呈现主流消费。我国不同地区都有其独特的食醋产品，其中以山西老陈醋、四川保宁醋、江苏镇江香醋以及福建永春老醋四大名醋享誉中外。这些都是区域性强势品牌，由于各地的酿造工艺不同，“四大名醋”产品均具地方特色，且产品质量上乘，目前通过销售网络均已突破了单一的地区限制。此外，还有一些地方特色食醋也广受消费者喜爱。食醋的产地分布呈现较强的区域性，行业集中度有待进一步提升。

1. 食醋产品细分化

从产品层面来看，部分食醋品牌开始追求产品的创新。这些企业致力于发现消费者需求和满足各层次消费者的核心需求，在细分市场的基础上，进行精准市场定位，研发出具有明显创新特征的产品，如技术创新型食醋（自吸式深层发酵的食醋、三遍发酵的食醋、采用生物数控技术的食醋）、添加物创新型食醋（银杏醋、苦荞醋）、用途创新型食醋（凉拌醋、饺子醋、保健醋、美容醋）等。

目前，食醋行业较受欢迎的产品主要有陈酿、有机概念产品，陈酿概念是主流。随着生活水平的提高，人们对生活质量的要求提高，食醋生产商进一步挖掘消费者需求，有机概念开始盛行。统计数据显示，近年来调味品的销售增长主要集中在高端化、细分化的产品品类上，如礼品醋产品的销量持续上升，出现了很多的高端醋产品，而传统品类的销售市场份额逐步减少。食醋产品向高端、高品质方向发展，也是顺应消费升级的趋势。随着餐饮市场的变化，食醋行业应该更加重视开发复合调味料，在口味、使用方式和营养功能等方面适应消费变化的新趋势。

2. 食醋市场特征

近年来，随着我国居民消费水平的不断提高，我国食醋行业市场消费量呈快速增长趋势，市场空间不断扩容。据国家统计局数据显示，2013 年中国食醋行业销售收入为 40.17 亿元，2016 年增长至 65.78 亿元。

据中国调味品品牌 100 强统计结果显示（图 3.22 和图 3.23），2014 年 100 强企业中食醋企业为 28 家，总产量 127.2 万吨，在调味品行业中仅次于耗油（24.28%）和腐乳（19.38%），同比增长率排名第三，是调味品行业的重要分支。2014 年，产量前三名企业分别为江苏恒顺集团有限公司（26.9 万吨）、山西水塔醋业股份有限公司（25.5 万吨）、四川保宁醋有限公司（9.1 万吨）。前三名企业的产量占 100 强食醋企业总产量的 48%，占全国食醋总产量的 16%。食醋产量同比增长率前三名企业分别为湖州老恒和酿造有限公司、太原市宁化府益源庆醋业有限公司和北京市老才臣食品有限公司，产量同比增长率分别为 293.77%、28.71%和 21.95%，其同比增长率远高于食醋 100 强企业的产量同比增长率。

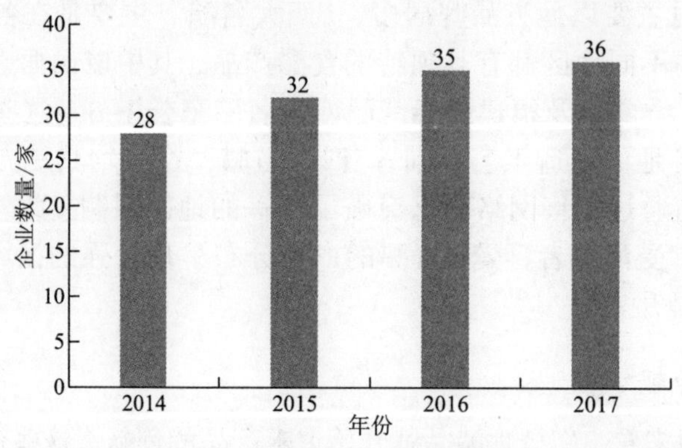

图 3.22　2014～2017 年中国调味品著名品牌 100 强企业中食醋企业数量

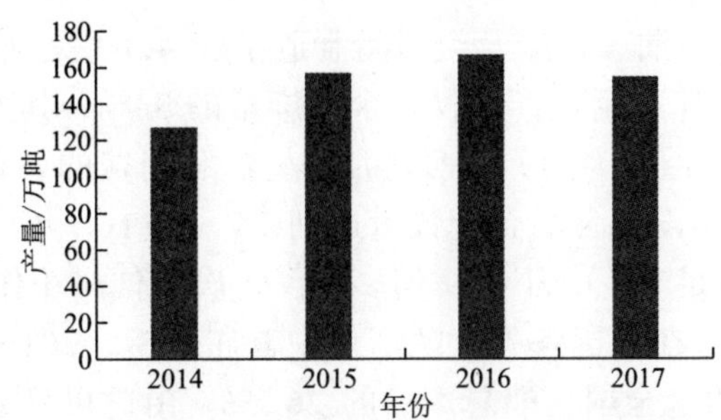

图 3.23　2014～2017 年中国调味品著名品牌 100 强企业中食醋企业产量

2015 年 100 强企业中食醋企业为 32 家，总产量 156.4 万吨，产量前三名企业分别为江苏恒顺集团有限公司（28.5 万吨）、山西水塔醋业股份有限公司（26.8 万吨）、山西紫林醋业股份有限公司（11.1 万吨）。前三名企业的产量占 100 强食醋企业总产量的 42%，占全国食醋总产量的 16%。食醋产量同比增长率前三名企业分别为山东鲁花生物科技有限公司、岐山天缘食品有限公司和鹤山市东古调味食品有限公司，产量同比增长率分别为 66.7%、24.9%和 20.5%，其同比增长率远高于食醋 100 强企业的产量同比增长率。

2016 年 100 强企业中食醋企业为 35 家，总产量 166.5 万吨，产量前三名企业分别为江苏恒顺集团有限公司、山西水塔醋业股份有限公司、山西紫林醋业股份有限公司，与 2015 年的排名一致。

2017 年 100 强企业中食醋企业为 36 家，总产量 154.2 万吨，产量前三名企业分别为江苏恒顺集团有限公司（31.5 万吨）、山西水塔醋业股份有限公司（16.1 万吨）、山西紫林醋业股份有限公司（15.4 万吨）。前三名企业的产量占 100 强食醋企业总产量的 41%，占全国食醋总产量的 14%。

中国调味品协会调查数据显示，我国食醋行业仍然以大量的中小企业为主，存在大量地区性食醋企业，行业集中度有待进一步提升。

3. 食醋消费市场区域特征

中国食醋产品的消费市场也呈现一定的区域性特征，区域化口味差异较大、地方特色食醋产品较多，这主要是不同地区的文化风俗和气候情况导致不同区域的消费者偏好不同的食醋风味。华东五省以镇江香醋为主，其占有率达到 70%；山西老陈醋有全国 18 个省份的市场覆盖率，是全国市场消费认知度最高的品牌，其中主要品牌山西水塔的市场主要集中在东三省和湖北，山西紫林的主要市场为河南、山东；其他地域性品牌因其规模小、受众人群少，未形成品牌优势。这些生产和消费的区域性导致了中国食醋市场的分散性，地方品牌各自割据一方。

2017 年，全国酱油、食醋及类似品制造企业 426 家，全国食醋总产量约 449 万吨，100 强调味品企业产量仅占全国产量的 34%，其他小作坊式企业占 66%。以山西省食醋企业为例，山西是食醋生产和消费的大省，山西食醋生产厂家 210 家，而规模以上食醋企业数量达到 15 家左右，年产量超过 1 万吨的企业不足 10 家（不足 5%），小作坊偏多，仅榆次怀仁村小作坊的数量就达 20 多家。山西食醋产量在我国各省食醋产量中首屈一指，2016 年，食醋年产量达 80 万吨左右，约占全国食醋总产量的 26.7%。由此可见，我国食醋企业数量多，分布面广，但规模小。现有的食醋企业，应加快企业自身技术的创新升级、产业链的纵向拓展，从而促进产业的整合和转型升级。

3.4.4 食醋产品消费结构升级

在食醋产品的需求结构中存在两个泾渭分明的市场：传统食醋产品市场和新兴食醋产品市场。

1）传统食醋产品市场：传统市场是指那些为满足传统的家庭调味需求而生产的食醋产品。传统市场几乎面对所有的家庭，属于低档产品，市场需求弹性小，受消费者的偏好影响较大，具有相对的稳定性。

2）新兴食醋产品市场：新兴市场是近几年兴起的专门针对特殊消费群体需求而生产的醋产品，如保健醋、美容醋、醋饮等。新兴市场的显著特点是市场需求弹性较大，受消费者的偏好影响相对较小，通过广告传媒的作用影响消费者行为相对容易，有很大的市场开发潜力。一些规模相对较大的企业目前非常重视新兴市场的开发，并且希望通过该类产品打破传统市场的地域特色，打入全国市场乃至世界市场。

3.4.5 酿造食醋行业在国民经济和社会发展中的地位

1. 显著提升酿造调味品产业产值

根据中国调味品著名品牌企业 100 强数据统计显示，我国食醋产业发展有以下特点。

1）食醋产量和销量平稳增长。2017 年 100 强企业食醋总产量为 154.2 万吨，比 2014 年产量同比增长 21.2%。食醋销售均价略有上升。2017 年 100 强企业食醋产品销售单价达到 3786 元/吨，相比 2016 年的 3386 元/吨，销售均价上涨 11.8%。其中，少数知名食醋企业产品价格上调明显，但多数产品价格保持稳定。

2）生产食醋的企业数量多。100 强企业中，有 36 家企业有食醋产品，占比达 38.3%。生产酱油和复合调味料的企业分别有 35 家和 29 家。食醋是 100

强企业中生产比例最高的调味品细分产业。

3）食醋企业规模集中在年产 1 万～5 万吨。100 强企业中产量在 10 万吨以上的食醋企业有 4 家，占总数的 11%；总产量在 5 万～10 万吨的食醋企业有 3 家，占总数的 8%；总产量在 1 万～5 万吨的企业有 22 家，占总数的 61%；总产量在 1 万吨以下的企业有 7 家，占总数的 20%。

4）食醋经营状况总体良好。2017 年生产食醋的 36 家 100 强企业，有 75.9%产量保持了正增长，而酱油、复合调味料实现正增长的企业分别为 65.7%和 75.9%。

5）市场集中度仍有提升空间。虽然食醋行业集中度高于行业平均水平，但与酱油相比仍有提升空间。江苏恒顺、紫林醋业和水塔醋业分别位列食醋产量的前三位，江苏恒顺、水塔醋业和海天味业分别位列食醋销售收入的前三名。江苏恒顺作为食醋行业的龙头，其市场占有率仅为 4.4%左右。由此说明，食醋行业具有较大的整合空间。

2. 带动区域经济发展

由于我国各地对食醋的风味要求不尽相同，食醋企业存在明显的地域分布特点，主要集中在江苏、山西、山东、四川等地。从竞争格局来看，我国食醋可以分为两个层次，一是各区域性强势品牌，以江浙、山西、四川、福建的四大名醋为主，代表性产品有镇江香醋、山西老陈醋、四川保宁醋、永春老醋等，这类企业产品均具地方特色，或集各特色之长，产品质量上乘，在销售区域上已突破了单一的地区限制；二是小规模工厂或家庭作坊，这类企业销售覆盖半径较小，产品质量一般、价格低廉。随着食醋的各种功能不断被挖掘，近年来，食醋产品多元化、功能化趋势越加明显。

各地方名醋企业在开展市场拓展的同时，也纷纷以开展旅游、进行项目申遗、建设相应的博物馆和文化馆的形式开展食醋文化建设，既推动了食醋市场的发展，也扩大了自身的影响力。

3.4.6　传统酿造食醋国际市场开拓

我国加入世贸组织之后，虽然食醋产品出口已呈上升趋势，然而在开拓国际市场、扩大出口方面，要积极发展技术含量高、附加值高的产品；及时调整出口市场区域，实施市场多元化战略，积极开拓发展中国家和东欧地区市场；积极构造全方位、多品种、高效益的外贸新格局。

当国内食醋市场越来越趋向饱和，国内食醋企业如何寻找更大更广的国际市场，如何寻找新的市场突破口，解决这些问题已刻不容缓。当今世界经济全球化、一体化发展迅猛，食醋企业走向国际市场已经成为一种必然趋势。

我国食醋品牌企业在国内市场稳健发展的基础上，逐步开拓国际市场（图 3.24）。美国、澳大利亚、新加坡、加拿大、马来西亚、日本是中国食醋出口的主要国家（图 3.25）。2017 年，我国食醋总出口产值 0.211 亿美元，同比增长 6.56%。

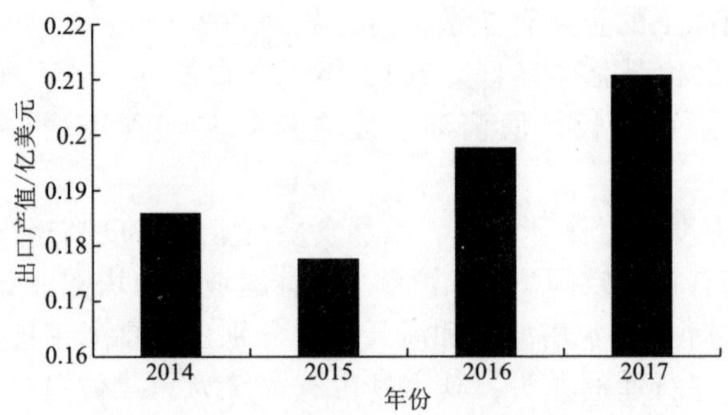

图 3.24　2014～2017 年中国食醋出口产值

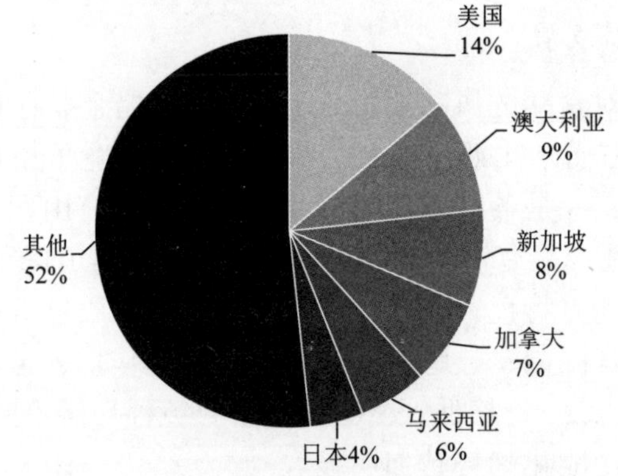

图 3.25　2017 年中国食醋出口的主要国家

3.5　传统酿造酱油行业发展所需要解决的关键科学问题

3.5.1　传统酿造微生物向工业菌种高效转化

随着生活水平的提高，人们对酱油品质和特色化的需求也在逐渐增加。为迎合这种需求就必须实现酱油酿造菌种的多样化。然而，当前我国用于酱油生产的商业化菌种相对较少，主要是米曲霉、鲁氏接合酵母、球拟酵母等。酱油菌种储备不足影响了我国酱油酿造行业的进一步发展。

酱油功能微生物是指具有某些特殊代谢能力，并对酱油发酵具有一定作用的微生物。目前国内外学者已经开始重视酱油功能微生物的开发与应用，这对酱油菌种库的扩充及酿造工艺创新具有积极意义。这些酱油功能微生物对酱油的作用主要体现在促进酱油发酵过程、提升酱油风味与保健功能、提高食品安全性等方面。通过分离酱油发酵混菌体系的优势或特征微生物，并识别这些微生物的代谢特性和其与酱油发酵相关的功能，最终强化并应用于生产是利用微生物提高酱油品质的一条有效途径，也是传统酿造调味食品行业未来主要的研究方向之一。

3.5.2　传统酿造理论基础研究与成果转化

近几年，酱油等传统发酵调味品越来越受到关注。酿造过程不同阶段的微生物区系以及风味、代谢产物的组成等为科研的重点，这些研究对分析酱油酿造机理和风味构成具有重要意义，为改善酱油品质奠定了坚实的基础。

为推动我国酱油酿造工艺的持续改进，亟需加大理论及实践操作方面的研究力度与科研成果转化，主要包括采用现代仪器分析与感官评价技术手段，研究我国不同地域、不同生产工艺的传统酱油风味组成，构建传统酿造酱油特征风味物质数据库。

对传统酱油发酵过程功能因子进行追踪分析，深入剖析发酵过程机理。同时，采用多组学技术，对传统酿造过程中的代谢产物进行分析。综合开展酿造食品风味物质、营养成分、功能性物质及危害化合物等形成机理及变化规律研究，有助于建立预测和评估发酵食品质量及安全的评价模型。这将促进我国酱油酿造工艺的持续改进，打破以简单基础指标对酱油产品分级的概念，加强生产企业对产品风味的重视。

传统酿造机理解析与代谢网络的建立，有助于促进酿造过程中微生物的筛选、代谢调控，提高原料利用率，改善风味，开发功能性，实现安全性评价，解决品质控制等关键技术瓶颈，建立特色高效现代酿造工艺，开发绿色、智能、安全、现代的发酵食品生产示范线，全面提升传统发酵食品的品质及安全水平。

3.5.3　品质控制定向调控关键技术

传统酿造酱油工艺，多为开放式发酵环境，占地面积大，发酵周期长，产品生产过程易受季节和环境影响，存在发酵效率偏低、产品批次稳定性较差等问题。随着工业生物技术与机械制造技术的不断发展，传统酿造酱油设备也快速发展和改进，在酿造周期、原料利用率、设备周转率、产量等方面都有不同程度的提高。然而，与国外先进技术相比，我国传统酿造行业还存在较大差距，生产规模和工业化水平仍有较大提升空间。开发科技含量高的先进技术和装备，提高生产效率与生产过程稳定性，提升产品品质与附加值，是目前产业发展过程中的关键科学问题，也是产业升级所面临的重点任务。

我国地域辽阔，各地自然环境与经济发展状况各不相同，这些因素不同程度地影响了我国传统酿造酱油的生产与分布。目前，我国酱油酿造最常用的工艺主要为高盐稀态发酵和低盐固态发酵。尽管上述酿造工艺有所差别，但大体上可分为种曲制备、制曲、发酵、淋油、加热、配制、澄清、包装等工序。其中，酱油酿造过程中制曲、发酵过程调控和过程风味强化是影响酱油品质的关键因素。

1. 复合制曲技术

种曲作为酱油酿造的关键因素，对酱油的品质至关重要。优质的种曲可提高酱油的出品率，提升产品的风味、口感和感官体态。纵观我国酿造酱油中微生物的利用与发展情况可以看出，按照制曲菌种的制作方法，制曲可以归纳为单菌种制曲和多菌种复合制曲。利用多菌种发酵，原料的利用率会大大提高，加工周期也能大大缩短，从而提高了生产效率。

2. 风味强化技术

近年来，相关研究机构和企业对酱油的风味组成、生产工艺开展了大量的分析与研究，并取得了一定进展。酱油风味物质的形成，一方面，由于多种微生物共同作用，微生物的初级或次级代谢产物形成了风味物质或其前体化合物，促进了酱油风味的形成。目前已用于酱油增香技术的微生物主要包括增香酵母菌和乳酸菌。另一方面，酱油酿造过程中的美拉德反应也促进了一系列香味物质的生成。在现有的酿造条件下，酱油生产过程中美拉德反应的主要反应路线、相关反应产物形成及其与酱油风味的形成之间的作用关系，有待深入研究与论证。

传统酱油酿造过程中，产品品质与风味的调控需要从菌种、工艺、调控技术等多方面、多层次进行不断的优化和改进以改善酱油的风味，综合运用不同学科技术手段，如多组学技术、酶工程、生物信息学等，解析菌群代谢机制并构建关键物质代谢网络，为酱油加工工艺技术提升提供技术基础，提升产品品质与营养价值，促进酱油产业技术升级。

3.5.4　清洁生产和副产物高值化综合利用

1. 酱油清洁生产

传统酿造酱油行业生产废水主要为清洗废水及滤液污水，废气主要来自于发酵期间所产生的气味，固体废弃物主要为生产过程中产生的酱油渣及少量包装垃圾。酱油主要生产工艺及产物环节如图 3.26 所示。

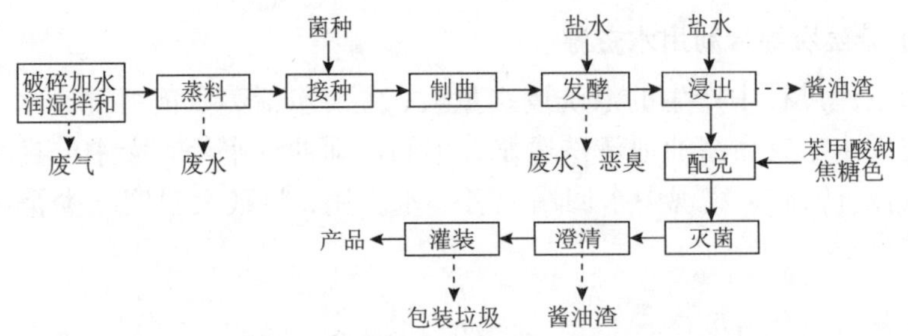

图 3.26　献县甜香酱醋厂酱油生产工艺及产物环节图

资料来源：中华人民共和国环境保护部，2016

传统酿造酱油企业耗能较大，产生的“三废”较多，能耗及排污方面的费用对企业的成本影响越来越大。因此，从酱油工艺升级等方面对传统企业升级改造，促进清洁生产，既能降低酿造酱油企业对环境造成的负面影响，又能够大幅度降低企业运行成本，属“双赢”战略。在酱油生产工艺升级方面可以通过以下几种途径对企业进行结构调整，以逐步实现行业清洁生产。

（1）转变酱油发酵车间的设计思路

传统酿造酱油企业的热能主要来源于煤、电，常规设计思路主要是通过对发酵车间的保温来降低热能消耗，直接导致厂房造价成本高的弊端，并且在后续运行过程中所需热能仍占生产成本的三分之一。与此同时，在酱油生产过程中发酵阶段会产生一定量的呼吸热、原料分解热，这部分热能则未被利用而直接释放。如果在未来的工艺设计过程中，将发酵本身产生的这部分热能考虑应用于生产中，将会在一定程度上降低企业的热能消耗，进而减少热能消耗带来的污染物排放。

（2）改进酱油原料的蒸煮设备

酱油原料蒸煮设备及其技术参数的合理化设计，会大幅度提高原料全氮利用率，进而提升产品质量、降低固体废弃物酱油渣产量。此外，合理选用新型节能设备，可降低能源消耗、促使投资成本最小化，将实现经济效益与环境效益双丰收。

（3）升级酱油制曲工艺

酱油制曲是酱油生产过程中的一个重要环节，也是主要能源消耗环节，其电能消耗占整个生产过程的三分之一，汽耗占整个生产过程的四分之一。从微生物学的角度分析可知，在酱油制曲过程中微生物在曲料上生长繁殖会产生可观的热量，故而，通过升级酱油制曲工艺，实现蒸料余热与微生物繁殖产热的合理利用，将为制曲车间节省大量能源。因此，升级酱油制曲工艺、实现酱油制曲过程的节能减排，是技术革新时代传统酿造酱油企业必须面对的科学问题。

（4）分层次综合利用水资源

酱油生产过程中产生的清洗废水量大，主要包括蒸煮锅清洗废水、酱油发酵池清洗废水、成品酱油池清洗废水、车间地面冲洗水等。废水产量大，但污染程度较低。因此，实现中水回用或者一水多用，将最大限度减少企业用水量和污水排放量。

2. 酱油渣综合利用

酱油渣是传统酿造酱油生产过程中酱醪淋油压榨或抽油后产生的主要固体废弃物，据统计，每生产 1 kg 酱油会产生 0.67 kg 酱油渣。湿酱油渣的含水率一般在 80%左右，且盐分高，干固体成分中通常含有粗蛋白（20%～30%）、碳水化合物（＞10%）以及不等量的粗脂肪。其中，以大豆为蛋白质原料生产的高档酱油的酱油渣中粗脂肪含量可达 18%，而以豆粕、面粉为原料时酱油渣中粗脂肪含量为 7.4%～8.6%。

酱油渣产量大、含水量高、不宜存储和运输。若不能得到及时处理处置，很快就会变质发臭，造成严重的环境污染。近年来，酱油渣的综合利用得到了越来越多的关注，其主要应用途径有作为饲料或肥料、开发成为香味剂等，或者是将酱油渣中的有效成分进行提取后再利用。

3.5.5　标准化、智能化技术与装备升级

改革开放以来，在食品工业发展进程中，我国不断对酱油酿造工艺、酱油的制曲工艺进行改进，引入了机电等技术，发展形成了现代通风制曲法。企业也在积极地探索现代化、自动化的机械制曲和酿造设备。近年来，市场上已经相继出现相关设备，大大促进了我国酱油制曲和酿造工艺现代化、自动化的发展。与国外先进的机械设备相比，我国发展的机械设备能耗高、效率低，并且我国大多数中小型酿造食品企业还是沿袭着传统的酿造工艺进行生产，生产能力不足，产量较低，加之管理相对落后、品牌知名度不高等原因，导致其产品国际竞争力不足等问题。从宏观上看，目前国内酱油酿造行业仍然处于从传统酿造工艺到机械化、自动化的过渡阶段。

现代固态发酵涉及微生物分子生态学、功能蛋白质组学、工艺系统优化、智能设备研发、产业集成等上中下游多项技术，微生物已实现了密封式纯种大规模培养，在一定程度上实现了对发酵环境参数的在线检测和控制，操作方式实现机械化、模块化，相应的发酵反应器也不断更新。然而固态发酵过程中的物质代谢和能量代谢的研究尚不够细致深入，使得工艺难于调控与放大。

针对上述问题，首先要解决的是建立准确快速的固态发酵过程中的复杂参数表征、检测及调控技术，为固态发酵工艺系统优化提供基本的方法保证；其

次要解决的是建立复杂生物系统中系统生物技术检测的相关技术与平台，全面跟踪分析功能微生物种群演化规律、功能基因和相关功能蛋白动态变化规律以及代谢产物的形成调控规律，为发酵工艺参数的控制与系统优化建立有效的模型奠定理论和技术基础。随着人们对固态发酵研究的不断深入，上述问题有望得到解决和完善。

3.6　传统酿造食醋行业发展所需要解决的关键科学问题

3.6.1　传统酿造微生物向工业菌种高效转化

我国众多传统酿造食醋产品呈现出一品一格、百品百味、风味万千的景象，这与传统酿造工艺的不断传承发展和长期以来酿造微生物群落的驯化演变密不可分。传统酿造食醋中蕴含着各具特色、丰富的微生物资源，是行业发展的战略性资源。深入开展酿造菌株改良和功能菌种的挖掘，促进传统酿造微生物向工业菌种高效转化，是提升产业技术水平、促进产业升级的核心技术问题。因此，采用现代生物技术手段，加快微生物种质资源开发与改良亟待加强。

（1）高通量筛选与定向进化相结合，筛选抗逆性、高产优良菌株

作为我国传统酿造调味食品，食醋目前普遍采用自然网罗有益微生物菌群代谢的固态发酵技术，产品营养成分丰富，风味物质多样。具体方法有：采用高通量筛选与定向进化相结合的技术，选育食醋中传统酿造调味食品优良发酵菌种，开发利用功能菌株。

（2）多元菌种制剂的开发与应用

采取现代生物技术对菌种进行改造，获得高产工业微生物菌种，针对微生物功能开发直投式复合微生物菌剂，筛选具有促发酵效果的生长因子，建立发酵调控技术，满足传统酿造食醋产品现代化生产绿色、高效的要求，提高生产过程稳定性及现代化水平。

（3）构建酿造微生态

采用宏基因组学等技术分析食醋酿造过程中微生物群落组成，研究微生物的丰度、种类，并通过遗传育种、代谢调控等技术利用发酵微生物，提升酿造食醋产品的风味、营养和功能性，充分挖掘传统发酵食品中具有潜力的微生物资源，开发具有不同功能特性的、品种多样的高附加值食醋产品。

3.6.2 传统酿造理论基础研究与成果转化

推动我国食醋酿造行业技术的持续改进，亟需加大理论及实践操作方面的研究力度与科研成果转化工作，主要体现在以下几个方面。

（1）基于特征风味物质建立食醋特征指纹图谱，指导食醋风味提升

采用现代仪器分析与感官评价技术手段，研究我国不同地域、不同生产工艺的传统食醋风味组成，构建传统酿造食醋特征风味物质数据库，促进我国食醋酿造工艺的持续改进，打破以简单基础指标对食醋产品分级的概念，加强生产企业对产品风味的重视。

（2）基于代谢网络建立预测和评估质量及安全的评价模型，实现品质调控

采用现代化的仪器设备，对传统食醋发酵过程功能因子进行追踪分析。通过综合开展酿造食醋风味物质、营养成分、功能性物质及危害化合物等形成机理及变化规律研究，有助于建立预测和评估发酵食品质量及安全的评价模型。传统酿造机理解析与代谢网络的建立，有助于促进酿造过程中微生物的筛选、代谢调控，提高原料利用率，改善风味，开发功能性，实现安全性评价，解决品质控制等关键技术瓶颈。

3.6.3 品质控制定向调控关键技术

新时代条件下，将传统酿醋工艺与现代生物技术相结合，在传承的基础上不断进行改良与创新，提高原料利用率、生产效率、产品品质、营养水平等。

传统食醋酿造是各类微生物并存、多种酶系共酵的过程。尽管各地的酿醋工艺不尽相同，其主要生产过程大致可分为四个阶段，即制曲、糖化与酒精发酵、醋酸发酵和陈酿阶段。发酵过程中，通过微生物的代谢作用产生众多的食醋风味物质，为食醋特有风味的形成提供必要的基础。陈酿阶段中，在微生物与酶以及其他非酶催化进行的反应条件下，食醋的风味物质进一步生成与富集，形成各地食醋特有的风味特征。

食醋酿造过程中优势微生物的种类和数量决定着食醋的品质。明确食醋酿造各阶段优势微生物的种类及其在食醋酿造过程中的作用，对食醋酿造工艺的改进和食醋品质稳定与提升具有重要意义，为开发直投式菌剂来稳定和提高食醋品质与营养价值提供技术保障；促进固态发酵过程由“经验型”控制向“科技型”转变；加快食醋活性物质发酵工艺优化及富含功能因子产品开发。

3.6.4　清洁生产和副产物高值化综合利用

1. 清洁生产

我国食醋生产方式主要为固态发酵、液态发酵和回流发酵。目前，我国小规模醋厂多采用固态发酵制醋，不需要发酵罐，易于控制成本，工艺流程如图 3.27 所示。产生的废水主要为清洗废水，产生的固体废物醋渣可以综合利用。液态发酵多采用深层发酵工艺，大幅度缩短了生产周期，利于大规模生产，污染情况较轻，工艺流程如图 3.28 所示。对于大型制醋企业，其辅助生产厂可能是企业的主要产污节点，如制瓶厂等，在清洁生产中应作为重点考虑因素。

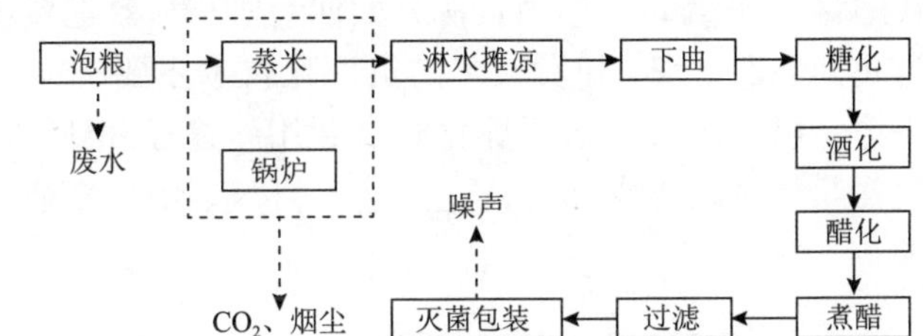

图 3.27　富宁金泰得剥隘七醋有限公司生产工艺及产物环节图

资料来源：中华人民共和国环境保护部，2007

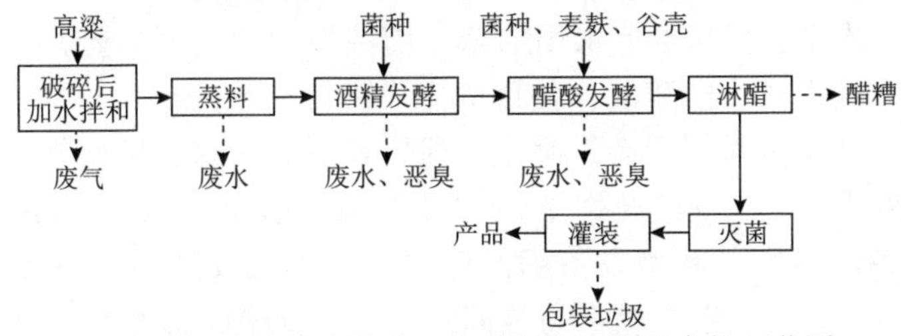

图 3.28　献县甜香酱醋厂食醋生产工艺及产物环节图

资料来源：中华人民共和国环境保护部，2016

如图 3.27 和图 3.28 所示，传统酿造食醋行业生产废水主要为清洗废水及滤液污水，废气主要来自于酒精发酵及醋酸发酵期间所产生的气味，固体废弃物主要为生产过程中产生的醋糟及少量包装垃圾。

食醋生产行业同酱油生产行业一样，归为我国传统酿造行业，也同样面临无清洁生产指标体系的问题，但是，随着我国环境保护管理的加强以及人民对美好生活环境的渴望，将传统食醋企业逐渐升级为环境友好型产业是大势所趋。

目前，可以考虑到的清洁生产初步实施方式，如通过精致勾调工艺、优化设计参数、实现水资源分层次合理利用等，与酱油基本相同，此处不再赘述。此外，还应重点提倡减料蒸煮或完全生料制醋工艺、前液后固工艺、固态再发酵醋糟技术等。

2. 醋糟高值化综合利用

醋糟是食醋生产过程中固态发酵产生的主要副产物/废弃物。据统计，每生产 1 kg 食醋会产生 0.8 kg 醋糟，我国每年醋糟废弃物的产量大约为 200 万吨。目前，醋糟的处理处置已经成为我国食醋行业继续健康发展需要解决的重要问题。

醋糟含水量为 68%～75%，呈酸性，渗出水的 pH 为 3.5 左右，干固体物质中的主要成分为纤维素（20%～35%）、半纤维素（15%～25%）、木质素（15%～25%）、粗蛋白（6%～14%）、粗脂肪（2%～10%）及灰分（4%～10%）。醋糟若不能得到有效处理处置，将会导致土壤酸化等一系列环境问题。从醋糟的成分可以看出，其中含有大量的可利用资源，如何经济、高效地资源化再利用醋糟逐渐成为研究重点。近年来，开发较多的资源化技术主要有饲料化、肥料化、基质化、能源化等。积极探索醋糟资源化综合利用新途径和新方法，彻底解决醋糟产生的环境污染，对改善食醋生产企业生产环境，增加企业经济和社会效益具有重要意义。

3.6.5　标准化、智能化技术与装备升级

食醋的固态酿造无论是传统生产还是现代机械化生产，生产工艺流程大致相同。大型机械化生产基本上采用的都是前液后固的发酵工艺，即酒醅制作使用液态发酵方法生产，醋醅制作使用固态发酵方法生产。

目前食醋企业多采用固态发酵池，翻醅等环节实现了机械化，然而并不能解决发酵温度不均匀、发酵速率不同等问题，因此促进了新型机械化固态发酵生产食醋设备的研究。新型设备亟需解决的是固态发酵中存在的自动化程度低、占用土地面积大、生产成本高等问题。基于食醋固态发酵原理及关键的控制过程分析，研究糖化、酒精发酵、醋酸发酵、整个发酵过程的控制。随着近年来固态发酵装备及生长动力学的研究和数学模型的建立，食醋的固态发酵工艺及反应器的设计研究取得了长足发展。

食醋发酵装备的发展趋势是：①引入冷热自动恒温温度控制系统，以温度传感器、无线传感模块检测感知发酵过程温度，可自动启动加温或降温过程；②用集成智能化控制，进行手动控制和自动控制自由切换，分别对温度、时间、定位、液位、电磁阀开关、滚轮电机的转速、正反转、料泵等进行精准和有效控制。

现代化食醋固态发酵设备开发的定制化、模块化的发展路径将成为酿造领域装备快速发展的关键，在保障食醋风味与品质的同时提升固态发酵效率。智能化、一体化将是传统酿造行业装备发展的主流趋势。由连续式生产设备

代替间歇式生产设备，由智能化生产设备代替现有普通生产设备将是大的发展趋势。与此同时，品控、在线控制、追溯等技术与装备的需求也将越来越多，涵盖的范围也将越来越广，技术等级要求也将越来越高。信息化、智能化设备是加快食醋产业转型升级与行业可持续发展的竞争性优势，引导食醋产业向自动化、标准化、品牌化发展方向迈进，积极探索适合我国食醋产业发展的新模式。

3.7 我国传统酿造酱油食醋行业可持续健康发展的技术路线和发展目标

3.7.1 传统酿造酱油食醋行业的重点发展方向

1. 加快科技创新体系建设，促进产业升级

2018年，中国调味品行业发展呈现平稳增长的态势，市场需求不断释放，人均消费量随着餐饮业的变化而逐渐提升；产品结构调整加速，集中度逐步提高，产业升级速度也在进一步加快；龙头企业规模效应持续显现，中小企业优胜劣汰趋势明显，企业国际化和专业化并购重组相继上演。这一系列的发展变化促进了我国调味品行业的持续发展。酱油产业将通过科技改造、技术创新及设备改进等技术的进步，带动酱油这一传统产业的升级和更新换代。

随着科技的进步，现代酱油生产在原料的合理使用、生产工艺的改革、生产设备的改进、生产周期的缩短、产品质量的显著提高以及原材料消耗等方面都取得了可喜的成绩。近年来，我国酱油工艺技术革新和产业发展步伐加快，工业化水平和生产规模快速提高，酱油年总产量也随之快速增长，圆盘制曲机、高压连续蒸料机、高效连续加热塔等在生产中逐步被推广应用，提高了产品生产效率和原料利用率。

酱油机械设备生产未来将面临机遇和挑战，随着消费者对酱油品质的要求越来越高，酱油生产设备的机械化、自动化程度必将提高，在未来的发展中企业将更加注重生产成本的降低，考虑节能环保的问题。目前部分中小型酱油生产企业没有完全实现机械化、自动化操作管理，随着酱油生产企业对质量认识的转变，会不断改进生产流程中的工艺和装备，酱油机械装备市场发展将大有潜力。同时，酱油生产企业将逐渐利用计算机对生产工艺进行控制管理，制曲、发酵等设备必将向大型化、自动化方向发展，促进生产效率提升，降低运行费用，提高质量。最终，整合中小企业规模，发挥集团化、

规模化优势。在科技进步方面，要改变老的生产规模和框架，不断创新，开发新材料，引进科技含量高的先进技术和装备，使酱油酿造工业逐步向自动化、集团化发展方向迈进。

2. 推进副产物综合利用，加强绿色清洁生产，促进循环经济发展

酱油渣又称酱渣，是制作酱油后的残渣，每生产 1 kg 酱油将会产生 0.67 kg 含水分 75%的酱油渣。酱油渣一般呈深棕色，其中粗蛋白含量约为 25%，粗脂肪约 9.7%，粗纤维 13.5%，灰分 10.5%，此外还含有丰富的异黄酮。酱油渣由于产量大、水分多，不易储存和运输，若不及时处理会很快发臭变质，造成环境污染。因此如何利用酱油渣中的有效物质，开发出具有高附加值、高营养价值的新产品，仍是当前社会的研究热点，对提高企业积极性，实现整个酿造行业的清洁生产，提高企业的经济和社会效益具有重大意义。

目前，酱油渣资源利用研究主要体现在以下几个方面。

（1）开发有机肥料

酱油渣直接用作农民种田肥料，会使土壤盐化，同时影响水质。张维民等在酱油渣与其他有机废弃物的混合物中加入酵母菌、辅助发酵菌剂、吸附剂、保水剂等，发酵后得到的产物经疏松、干燥制成活性有机肥料。

（2）提取膳食纤维

膳食纤维对人体的生理作用已经被广泛认同，被称作“第七营养素”，具有预防便秘、降低血清胆固醇、调节血糖血脂代谢、预防胆结石、减肥和抗癌等功效。张泳等通过功能测试表明，酱油渣不溶性膳食纤维具有优良的膳食纤维特性，与市售大豆不溶性膳食纤维产品相比，其吸油力尤为显著。

（3）提取功能物质

黄酮类化合物是自然界中存在的一种酚类物质。其中异黄酮的分布仅限于豆科蝶形花亚科中的少数植物中，如大豆、黄豆等，尤以大豆中的异黄酮含量较高。异黄酮由于不溶于水，大部分都残存在酱油渣中。采用生物工程技术提取酱油渣中的抗氧化成分添加到食品中，有助于预防人体内产生的活性氧自由基引起的各类疾病，因此近年来国内对酱油渣中的大豆异黄酮等物质的提取工艺进行了大量的研究。目前提取主要有双向溶剂萃取法、超声波辅助法和微波辅助酶法等。

酱油是我国最为传统的大宗调味品，其副产品酱油渣来源广泛，成本低廉。当前的研究多关注于酱油渣某方面的利用，尚未形成整合力量，无法实现企业的清洁生产。因此，今后对酱油渣的研究不仅要着眼于饲料或者肥料的开发，更要将这些研究与功能性成分的提取技术结合起来，统筹运用多学科的知识，

使酱油渣的利用成为一个有机的体系，达到无废弃物生产的目的。只有这样才能既减轻工业废料处理负担，又可以实现资源利用的最大化。这不仅是企业发展，同样也是社会发展的需要。

3. 实现资源整合与产业集群式发展

酱油行业占我国调味品行业半壁江山，在规模超过3000亿元的调味品行业中，酱油的消费量占比能达到43%。企业分布于华东地区最多，华中、华南地区次之。企业的区域发展特色较为明显，主要存在：华东地区企业的数量多，发展类型多样；华南地区大型企业居多，市场较为完善，且代表了调味品行业最先进的发展方向；华中地区虽然企业数量较少，但主要以外资大企业为主。

在酱油食醋行业中，民营企业占比约80%，其次是国企、外企和中外合资企业。本土品牌在中国调味品品牌中，依然具有优势，因为本土品牌的产品工艺与配方更适合本地口味和消费需求。但是，外资企业通过合资和收购进入中国市场后，大手笔投资产能，并具有先进的管理水平和丰富的营销经验，其发展前景也不容小觑。近年来，行业内新发展企业比例增多，品牌影响力也逐步提升，整个调味品市场发展的活跃度在提高。从地域分布来看，老字号企业多集中于华东和华南地区。这些老字号企业有两种类型，一种经过兼并重组的改革，快速适应了新的形势，并在传承创新中发展，已经成为区域乃至全国的强势品牌；另一种没有及时调整与改革，发展形势严峻。

全国范围来看，酱油行业呈“南强北弱”的格局，即以广东地区为特色的高盐稀态发酵酱油企业和品牌，依托其自然条件优势以及先进的工艺、技术及管理优势发展强劲；而北方地区的低盐固态发酵酱油企业和品牌处于劣势；类似日本高盐稀态发酵的酱油企业和品牌则发展缓慢。

从具体企业来看，酱油行业经过长期的市场竞争，不断革新工艺技术、调整产品结构的企业及其品牌得到成长。

4. 实现产品与文化的有机融合，加快国际化进程

酱油企业文化建设颇具特色。目前，品牌企业积极开展工业旅游、筹备申遗项目、建设博物馆与文化馆等文化建设工作等。酱油品牌企业在国内市场稳健发展的基础上，逐步开拓国际市场，尤其是针对国外消费者的饮食习惯而进行相应的产品定制，如串烧酱油、寿司酱油、烤鳗酱油、西餐复合调味汁等。

食醋在中国有3000年的历史，食醋产品在发展过程中也有很多文化典故。因此，在做好产品的市场营销、进行市场拓展和推广的同时，食醋的品牌企业特别是具有悠久历史文化的企业纷纷开展食醋文化建设，如开展工业旅游、项

目申遗以及建设博物馆和文化馆等，既推动了食醋市场的发展，也扩大了自身的品牌影响力。

3.7.2 传统酿造酱油食醋行业可持续健康发展的技术路线

1. 加强基础科学研究

基础研究是旨在创造新的科学发现、增加新的原理性科学知识的创造性科学研究活动，基础研究的科学发现成果是所有科学技术的理论和知识源头。基础研究能力的强弱，决定着一个国家科技水平的高低、国际科技竞争力的大小，并最终决定国家综合竞争能力的强弱。纵观世界科技发展史，科技强国无一例外是基础研究强国，没有强大的基础研究支撑，科技强国是不可能实现的。我国已经确立了 2035 年跻身创新型国家前列、至 2050 年建成世界科技强国的宏伟目标。酱油、食醋作为中国传统调味品，与人们的生活息息相关。受益于经济的高速增长，我国酱油、食醋行业产量和产值在近年来呈现快速增长。这对行业提出了更高的要求，旨在从新技术新装备等角度促进产业健康发展。

2. 加快生产过程新技术体系发展

酱油酿造企业属于传统类型的生产企业，存在规模小与设备落后的缺点。这些传统的酱油生产企业，不仅要扩大产能，还要进行设备的更新。

传统食醋产业在技术生产方面一直沿用传统的工艺流程，关键环节多凭借技术人员的感官体验和生产经验，缺乏统一的量化标准，人工酿造和机械生产的平衡点很难把控，直接制约着食醋企业在生产效率和产品品质方面的提升。

借助高科技生产线及高科技生产技术，提升产品的品质与产能，推动传统酿造企业到现代化酿造企业的转变。

3. 重点开展绿色智能化装备开发

近年来，为响应国家《中国制造 2025》规划，调味品企业积极通过信息化、自动化的手段，构建新的生产流程乃至组织机构。虽然调味品行业的智能化起步不久，但行业里的知名品牌企业，在智能制造方面成果斐然。它们纷纷打造“智能”工程，领先进入数字化、标准化和智能化时代。例如，恒顺醋业加快转型升级，入围全国智能制造示范项目；海天味业智能制造，打造世界级的美味梦工厂；加加食品的数字化工厂，开启酱油 4.0 时代；李锦记采用具有人机界面的全自动酱油圆盘制曲装备。

通过信息化与工业化深度融合是实现传统调味品制造业智能化转型升级的重大举措。企业通过产业链、供应链和智能装备间的互联互通和态势感知，提升食品安全全程保障和精益化生产能力。采用大数据分析、物联网技术、生产信息化控制系统、工业机器人和视觉识别等先进技术，集自动化、数字化、智能化为一体，全面提升了调味品行业生产流程的智能化水平。

传统酿造行业的转型升级，不仅在于生产工艺的提升，更在于生产管理的全流程智能化升级。这并不是简单意义上增资扩产，而是由规模化、自动化生产向智能化、数字化生产转型升级，使产品质量、生产效率、资源利用率、食品安全等进一步提升。

4. 促进产业链整合、产业转型升级

酱油食醋产业是中国调味品产业中的大产业，拥有大企业和大市场，目前已经形成规模化的生产集群和品牌效应。行业应该珍惜目前来之不易的大环境和发展格局，在转型升级、扶优惩劣、标准化、提高技术装备水平、引导科学消费等方面继续努力。

（1）转型升级

首先是企业定位的转型升级。调味品企业应在专业化的基础上，向综合性企业发展。目前发展好的企业，大多数拥有一到两个主导产品，同时又有大众产品，综合型调味品生产企业是发展的一个趋向。

其次是产品的转型升级。随着餐饮业结构的调整，酱油食醋产品结构也面临调整，生产企业应注意适应这一变化。营销渠道的转型升级、电商渠道的拓展和深耕是不能忽视的新领域。

（2）净化市场

调味品产业要形成打击假冒伪劣产品、净化市场的行业氛围。打击假冒伪劣产品很难由单一的企业完成，应以政府监管为主线，行业企业予以配合。对发现的假冒伪劣案件，要做到一事一办，严格查处，坚决配合打击，绝不姑息。行业组织和企业应配合有关部门查处仿名牌、傍名牌的行为。

调味品的分类问题和不规范的声称是调味品市场正本清源中需要解决的一个问题。调味品分类的标准，涉及卫生、食药、市场、农业和商务等管理部门，行业协会应做好企业、政府间的沟通协调工作。

（3）标准化

标准化是调味品行业迈向现代化不可忽视的一个关键点，但应注意在标准化建设中，食品安全是基础要求，而不是目标。调味品行业生产管理的重点是保证产品的质量、特色和风味，开发适销对路的产品，满足日益丰富的市场和不同消费者的需求。

（4）技术装备

在向现代化产业迈进的过程中，调味品行业提升现代加工、物流技术与装备水平势在必行。建立现代化的生产工艺标准流程，包括车间内与出厂后物流的规范运作，开拓物流配送的新模式。注意环保与卫生，做好酱油渣等副产品的综合利用。

（5）引导科学消费

客观、科学地引导消费，避免炒作和误导。支持企业对个性产品消费的正面引导。例如，原酿造、有机酱油食醋产品、头道酱油和特级老抽酱油等产品的商业宣传，在推广优质产品的同时，引导高端消费市场。

3.7.3 传统酿造酱油食醋行业发展目标

我国已进入全面建设小康社会的关键时期，同时，在大健康的国家战略背景下，进一步增加传统酿造食品种类，提升精加工产品比例，促进产品向多元、优质、功能化方向发展，提升食品品质与营养健康，对产业转型与国民营养健康提升有重大意义。

传统酿造食品产业应突破“菌种、工艺、工程、装备一体化”“科学、技术、产品、产业全链条”的技术瓶颈，以高品质深层次食品绿色制造、智能制造为攻关目标，以新型高效食品加工装备突破为核心，以连续化、数字化、智能化装备开发为支撑，研制具有自主知识产权的食品智能制造装备，为进一步实现食品自动化、连续化、智能化、工程化制造提供装备支撑，推动我国食品制造行业的跨越式发展。

1. 传统酿造酱油食醋产业 2028 年发展目标

（1）高效绿色制造技术集成

1）开发基于现代生物工程的传统酿造酱油食醋定向调控技术。传统酿造酱油食醋生产工艺的优化与创新，是基于酿造微生物的代谢调控基础上的技术革新。通过传统酿造食品微生物菌群科学问题的揭示，解析微生物菌群生长与代谢、风味和成品特征的组学规律，研制适应工业化生产的直投式发酵剂，构建基于现代生物工程的传统酿造食品的定向调控关键技术。传统酿造技术创新通过提供新的生产与调控方法来促进装备制造业内部结构升级，通过改变生产要素配置直接推动装备制造业内部结构升级。

2）绿色清洁生产与副产物的高值化。绿色清洁生产、发展循环经济是国家经济社会发展的一项重大战略，传统酿造酱油食醋行业应当遵循统筹规划、合理布局、因地制宜、注重实效、政府推动、市场引导、企业实施、公众参与的方针。传统酿造酱油食醋企业生产过程中应促进原料和能源的循环利用，通过实施清洁生产和国际标准化组织（ISO）环境管理体系等，积极利用生态工业技术和设备，设计和改造现有传统的工艺流程，形成无废、少废的生态工艺，使上游所产生的废物、余热、废水等成为下游产品的原料或热源，在企业内部实现物质与能源利用的闭路循环，最终达到高效利用物料与热能的目标。与此同时，还必须考虑从经济效益和发展质量两方面通过减量化指标、资源化指标、无害化指标来评价企业内部循环经济发展模型，以对企业效益进行评价。

企业内部循环经济发展模型的建立，是我国酱油食醋生产行业转变生产方式、适应时代发展的重要前瞻性工作，引入循环经济发展理念并深入开展行业清洁生产，促进我国传统酿造行业走上健康可持续发展之路。

（2）传统发酵加工装备现代化、智能化

随着工业生物技术与机械制造技术的不断发展，传统酿造酱油食醋的设备也一直在发展改进，获得了显著的提高，向着机械化、大型化方向发展，新型酱油食醋加工设备得以涌现和发展。

酱油食醋生产工艺设备主要有物料输送设备、粉碎设备、旋转蒸煮锅、制曲机、制醅机、发酵罐、灭菌设备、包装设备等。这些新技术与装备的发展丰富了我国酱油食醋生产工艺，在酿造周期、原料利用率、设备周转率、产量等方面与传统方法都有不同程度的提高。开发新设备、新材料，引进科技含量高的先进技术和装备，加强国产自主创新设备的开发，提高生产效率与生产过程稳定性，是目前产业升级所面临的重点任务。未来酱油食醋行业技术朝着科学化、机械化与大型化的方向发展，以实现高品质深层次食品绿色制造、智能制造为攻关目标，以新型高效食品加工装备突破为核心，以连续化、数字化、智能化装备开发为支撑，攻关研制具有自主知识产权的食品智能制造装备，为进一步实现食品自动化、连续化、智能化、工程化制造提供装备支撑。

（3）产品安全营养健康品质升级

世界范围的调味品行业蓬勃发展，为国际食品行业的繁荣和全人类的饮食健康做出了突出贡献。调味品产品种类的不断丰富、品质的不断提升，也满足了人们日益增长的调味需求。

食品工业快速发展的同时，调味品产业也进入了繁荣期，市场发展空间十分巨大。随着生活水准日益提高，人们对调味品的诉求也发生较大转变，兼顾安全和卫生、营养和健康的调味品成为新时期的发展方向。酿造酱油、食醋作为调味品工业的重要组成部分，已经不仅仅是过去的“调料”“佐料”，而是作为不可或缺的消费品、食品工业和餐饮业的原料，不断向深度和广度延伸发展。酱油食醋产品向“细分化、高端化、功能化”快速发展，兼顾“风味”与“健康”的高端产品的市场份额将进一步提升。

2. 传统酿造酱油食醋产业 2038 年发展目标

（1）实现理论技术装备一体化

在 2028 年的技术与装备集成的基础上，进一步实现理论技术装备一体化，加快向新型发酵工业迈进。基于酿造酱油食醋产品的风味成分研究，建立其产地特征鉴别技术；基于内源性危害成分微生物代谢调控机制研究，建立发酵定向调控技术与特异性酶制剂消减技术；开发新型生物传感器，研发在线监控技术与新型传感装备，实现产业化示范。新时期，传统酿造酱油食醋行业的发展新方向应主要围绕以下几个方面开展。

1）建立云端大数据的供应链系统，实现原料供应和菌种选育的精准化。

2）传统酿造酱油食醋工艺与现代生物技术相结合，生产过程和技术实现参数可视化。

3）搭建“互联网+”现代安全控制和市场反馈系统，实现产品质量和产品流向的可追溯化。

4）新型产品的开发实现智能化。应用生物技术，构建生物过程数据库，结合机器识别、深度学习智能化技术，实现基于人工智能的传统酿造工业的智能化。

（2）实现先进技术设备“中国制造”

新一轮技术革命的智能制造，并非简单的个别技术的应用和组合，而是一个多层次的、复杂的技术系统或“簇群”。智能制造中传感器、工业机器人等智能制造装备和方法，极大地丰富了传统酿造行业的技术升级和设备改造的应用；智能工厂则是智能制造资源在生产线层面的优化，最高层次的数字物理系统或产业互联网，是智能制造的最高形式和终极优化目标。

在技术革命和经济全球化发展推动下，目前国际装备制造业正在发生重大变化，呈现分工全球化、产业集群化、制造信息化和服务网络化等新特征。装备制造业升级应该选择技术创新推动模式、产业集群发展模式和外向带动发展模式一体化的发展路径，走新型工业化道路，以信息化来促进产业结构优化升级。

对于传统酿造行业，进一步提高传统酿造产业的发展质量和水平，推进工业化和信息化的融合发展，促进酿造产业的绿色低碳转型，推动产业增长由人力资本和物质要素总量投入驱动向知识、技能等创新要素驱动转型，构建产业结构合理、技术水平先进、生态环境友好、附加价值高、就业质量高的现代酿造食品产业体系，在保持传统优势产业国际竞争力的同时，积极抢占未来国际竞争的制高点并形成新的竞争优势领域，保持传统酿造产业平稳较快和可持续性增长。

（3）推动传统酿造产业多元化快速发展，形成绿色产业集群

加快传统酿造酱油食醋产业内部结构信息化，通过电脑化、数字化和网络化的运用与发展，使信息技术在产业内应用领域不断扩展，制造模式、制造技术和管理都实现信息化。传统酿造酱油食醋产业应牢固树立和贯彻落实创新、协调、绿色、开放、共享的发展理念，以市场为导向，以创新为动力，从供给侧和需求侧两端发力，着力提升传统酿造酱油食醋的有效供给能力和水平，更好地满足人民群众消费升级的需要，实现传统酿造酱油食醋产业更加稳定、更有效益、更可持续的发展。

当前，传统酿造酱油食醋行业呈现地域性分布特征，加快形成绿色产业集群。集群是产业发展的空间载体，是技术创新和外向带动发展模式引进技术的落脚点。产业集群作为传统酿造酱油食醋行业发展的一种空间集聚形式，可以采取以价值链分工和以竞争互补为主导两种方式，实现特殊地域、同业交往、行业文化、产业技术链、产业价值链和相关产业资源的集合，推动生产技术结构高度化。产业集群内部的技术创新扩散是维持产业集群竞争优势的最优途径，它与产业集群之间存在相互促进的自增强关系，知识外溢、技术扩散等创新活动促进了企业的空间集聚，而产业集群中企业集聚的加速又有利于区域创新网络的形成。产业集群可以通过降低成本、刺激创新、互相学习、提高效率、加剧竞争来促进集群内部各个企业组织结构、技术结构和空间结构得到进一步优化，促进产业内部结构升级。

3.8　传统酿造酱油食醋行业可持续发展的政策建议

1. 建议强化科技支撑，加快传统酿造酱油食醋绿色制造战略升级

（1）重点加强微生物种质资源保护，完善微生物种质资源保障体系

微生物种质资源是国家的核心战略资源，其中食品微生物种质资源更是关系国家食品安全与国民健康的重要方面。建议研究制定传统酿造食品微生物种质资源保护相关法规，明确食品微生物种质资源安全性评估标准，实现食品微生物种质资源国家的有效监管与高效利用。

（2）加强基础科研，加快食品生物制造技术强化与升级

建议设立专项资金，重点支持我国传统酿造基础科学研究，支持科研机构建立实验基地和科企合作，推动我国传统特色酿造生物技术成果转化，促进我国传统酿造食品产业转型升级，提升国际竞争力。

（3）加强创新技术体系发展，加快装备智能化

建议综合运用多学科、多领域研究成果，加强技术创新，提升传统酿造行业技术含量，综合生物传感器技术、人工智能、物联网技术等加快装备智能化、集成化、节能化发展，提升传统酿造行业标准化、规模化、智能化生产水平。

（4）加强资源高值化，加快推进清洁生产

建议强化生物技术和食品加工新技术，提高食品资源的综合利用效率，深化食品资源利用层次，努力提升至全利用水平，建立传统酿造酱油、食醋清洁生产技术体系，实现产业的健康可持续发展。

2. 建议强化政策引导，优化产业结构，促进营养健康战略升级

（1）加快产业链整合，促进产业升级

建议统筹发展、科学合理布局传统酿造酱油、食醋产业，加快原料供应标准化、生产过程智能化、物流配送合理化、产品流向可追溯化、消费理念科学化，形成全产业链系统布局和有效衔接，促进产业升级，引导产业走向标准化、集约化、优质高效、环境友好之路。

（2）提升传统酿造食品营养精准控制技术，促进功能链延伸

在大健康的国家战略背景下，建议提升传统酿造酱油、食醋精加工产品的比例，创制高附加值的优质、功能化食品，实现品质提升和精准营养供给，引领支撑我国传统酿造酱油食醋产业向营养与健康方向迈进。

3. 建议加强国际交流合作，推动传统酿造文化国际化

积极推动传统酿造文化建设，提升传统酿造文化自信。加强国际交流合作，积极发展合作伙伴关系，不断巩固战略互信，健全常态化交流合作机制，推动产业双向投资，实现共赢。

缩 略 语

DNA（deoxyribonucleic acid）：脱氧核糖核酸

FAO（Food and Agriculture Organization of the United Nations）：联合国粮食及农业组织

GDP（Gross Domestic Product）：国内生产总值

IPCC（Intergovernmental Panel on Climate Change）：联合国政府间气候变化专门委员会

ISO（International Organization for Standardization）：国际标准化组织

JAS（Japanese Agricultural Standard）：日本农林标准

PCR（polymerase chain reaction）：聚合酶链反应

WHO（World Health Organization）：世界卫生组织

WTO（World Trade Organization）：世界贸易组织

参 考 文 献

白燕. 2016. 中国酱油产业发展概况及未来趋势分析[J]. 食品工业科技, 37(18): 14-16.
北京锐观咨询有限公司. 2018. 2018—2023 年白酒行业市场现状分析及发展前景预测报告[R]. http://www.cnsv.cn/baogao/40921.html[2019-1-27].
北京宇博智业市场咨询有限公司. 2019. 2019—2024 年中国烈性酒行业专项调研及投资前景调查研究分析报告[R]. http: //www.chinabgao.com[2019-5-10].
卜春文. 2001. 利用生物技术开发酱油渣的试验[J]. 饲料研究, (9): 27-28, 39.
蔡美珠. 2001. 食醋工业科技进步回顾与展望[J]. 中国调味品, (2): 3-6.
陈来胜. 2013. 酿造酱油生产技术发展的新动态[J]. 江苏调味副食品, (4): 1-3.
陈诗波, 王革, 陈亚平. 2018. 国内外农业技术比较及中国应对策略[J]. 食品与机械, 34(7): 1-4, 73.
陈颖, 葛毅强. 2006. "十一五"时期我国食品工业发展的对策[J]. 食品与发酵工业, 32(10): 88-92.
陈芝兰, 杨吉霞, 李梦寒, 等. 2013. 西藏地区传统发酵乳中乳酸菌多样性及微生物数量分析[J]. 食品科学, 34(17): 140-145.
邓斌, 杨琴, 覃引, 等. 2016. 食品微生物群落结构的分析方法[J]. 食品科技, (8): 302-305.
东吴证券研究所. 2017. 证券所研究报告: 调味品行业深度报告[R]. www.767stock.com [2019-2-10].
方正证券研究所. 2017. 证券所研究报告: 以史为鉴, 新趋势下的白酒行业将走向何方——白酒板块深度解读[R]. https://wenku.baidu.com/view/aa842bcb03d276a20029bd64783e0912a3167c50.html[2018-12-27].
冯雨. 2013. 酱香型白酒的堆积发酵[J]. 酿酒科技, (2): 80-81.
傅建中. 2014. 智能制造装备的发展现状与趋势[J]. 机电工程, 31(8): 959-962.
傅金泉. 2006. 中国近代酿酒微生物研究史料[J]. 酿酒科技, (5): 82-88.
耿予欢, 谢显华, 李国基. 2015. 酱油发酵过程中细菌群落结构的动态变化[J]. 现代食品科技, 31(8): 83-87.
工业和信息化部消费品工业司. 2014. 2013 年度食品工业发展报告[M]. 北京: 中国轻工业出版社.
工业和信息化部消费品工业司. 2015. 2014 年度食品工业发展报告[M]. 北京: 中国轻工业出版社.
工业和信息化部消费品工业司. 2016. 2015 年度食品工业发展报告[M]. 北京: 中国轻工业出版社.
工业和信息化部消费品工业司. 2017. 2016 年度食品工业发展报告[M]. 北京: 中国轻工业出版社.
工业和信息化部消费品工业司. 2018. 2017 年度食品工业发展报告[M]. 北京: 中国轻工业

出版社.
宫润华，程小敏. 2018. 非遗视角下中国传统调味品的创新发展[J]. 中国调味品，43(8): 189-193.
郭璟. 2010. 白酒发酵副产物黄水的综合利用研究[D]. 西安: 西北大学.
韩永奇. 2011. 新时期我国醋产业面临的机遇与挑战[J]. 农产品加工(创新版), (8): 13-14.
滑欢欢，梁亮，田坡，等. 2016. 酱油酿造添加酶制剂提高原料利用率的研究[J]. 安徽农学通报, 22(11): 130-131.
环境保护部，国家质量监督检验检疫总局. 2011. GB 27631—2011 发酵酒精和白酒工业水污染物排放标准[S]. http://www.mee.gov.cn[2019-1-14].
黄酒. 2019. https://baike.baidu.com/item/%E9%BB%84%E9%85%92/519594?fr=aladdin[2019-1-15].
黄群慧，李晓华. 2015. 中国工业发展“十二五”评估及“十三五”战略[J]. 中国工业经济, (9): 5-20.
霍军生，秦国疆. 2014. 调味品的营养化技术[J]. 中国酿造, 33(9): 1-4.
蒋爱国. 2008. 酱油渣醋渣加工优质饲料技术[J]. 农村新技术, (10): 46-51.
蒋孟如，刘昌树，王赛. 2019. 酱油的感官特性及其提升技术研究进展[J]. 食品与发酵工业, (9): 295-300.
酒. 2019. https://baike.baidu.com/item/%E9%85%92/64410?fr=aladdin[2019-1-15].
酒是喜欢你. 2017. 白酒的储存方法，到底应该注意哪些方法?http://www.sohu.com/a/204505961_808250[2019-11-11].
黎源. 2009. 更新酱油食醋工艺设计观念，提高企业经济效益[J]. 中国调味品，34(8): 112-113.
李大和. 1997. 浓香型大曲酒生产技术[M]. 北京: 中国轻工业出版社.
李哲敏. 2007. 近 50 年中国居民食物消费与营养发展的变化特点[J]. 资源科学，29(1): 27-35.
廖乃心. 2014. 低盐固态发酵酱油工艺要点分析[J]. 轻工科技, (9): 11-12.
刘征宇. 2010. 中国传统调味品文化初探[J]. 中国调味品, 36(12): 27-29.
刘治. 2015. 中国食品工业年鉴 2015[M]. 北京: 中华书局.
刘治. 2016. 中国食品工业年鉴 2016[M]. 北京: 中国统计出版社.
刘治. 2017. 中国食品工业年鉴 2017[M]. 北京: 中国统计出版社.
陆地，孙巍. 2018. 城镇家庭消费区域不平衡的度量及分析——基于收入空间分布变迁 RIF 回归的实证[J]. 数量经济研究, 9(1): 82-97.
路海峰. 2003. 山西老陈醋香气成分分析和胰岛素样生长因子的克隆[D]. 太原: 山西大学.
马良，王昌禄，范寰，等. 2010. 酱油渣资源化利用现状及其饲料化发展前景[J]. 农业资源与环境学报, 27(2): 25-28.
聂志强，王敏，郑宇. 2012. 3 种分子生物学技术在传统发酵食品微生物多样性研究中的应用[J]. 食品科学, 33(23): 346-350.
施安辉，沈岩，郑艳萍，等. 2001. 新型复合酶在固态法食醋酿造过程中的应用[J]. 中国酿造, 20(5): 26-27.
隋文杰，刘锐，吴涛，等. 2018. 固态发酵在食品加工中的应用研究进展[J]. 生物产业技术, (3): 13-23.
孙宝国. 2019. 国酒[M]. 北京: 化学工业出版社.

孙宝国, 王静. 2018. 中国食品产业现状与发展战略[J]. 中国食品学报, 18(8): 1-7.
唐诗淼, 罗庆, 陈媛媛, 等. 2018. 食醋的功能特性及有害物质[J]. 中国调味品, (7): 195-200.
陶诚, 张志强, 陈云伟. 2019. 关于我国建设基础科学研究强国的若干思考[J]. 世界科技研究与发展, (1): 1-15.
田波, 赵顺华, 张俊红, 等. 2017. 醋糟资源化利用研究进展[J]. 中国酿造, 36(3): 1-4.
田玉来, 于翠华, 王晓艳, 等. 2006. 构建绿色管理的调味品企业[J]. 中国调味品, (2): 54-56.
王电垒, 马应伦, 于瑞琪, 等. 1998. 耐高温醋酸菌分离与筛选的试验研究[J]. 中国酿造, 17(2): 18-19.
王芳, 上官明军, 张变英, 等. 2014. 山西省醋糟资源现状及其在动物生产中的应用[J]. 畜禽业, (10): 44-46.
王文哲. 2006. 全面完成“十五”目标 为“十一五”开局奠定良好基础 食品工业承前启后继续保持良好快速发展态势[J]. 中国食品工业, (4): 6-10.
王烨, 于欣平, 曹薇, 等. 2015. 营养与社会经济发展的关系研究[J]. 中国食物与营养, 21(3): 59-63.
王喆. 2006. 我国食品工业的科技发展对策[J]. 中国农业科技导报, 8(5): 61-65.
吴进菊, 胡佳琪, 于博, 等. 2016. 传统发酵食品中微生物多样性和群落结构动态变化研究进展[J]. 中国酿造, 35(9): 20-23.
吴子雨. 2016. 基于物联网的酱油制曲智能监控系统的研究[D]. 长春: 吉林农业大学.
武斌. 2007. 山西老陈醋醋酸菌选育与酿醋生产工艺研究[D]. 太原: 山西大学.
谢显华. 2010. 酱油发酵过程微生物群落结构的动态研究[D]. 广州: 华南理工大学.
熊越. 2011. 四川麸醋发酵过程中风味物质的变化研究[D]. 重庆: 西南大学.
许洁. 2013. 酿造调味品的营养和健康价值[J]. 中国酿造, 32(9): 6-8.
许世卫. 2011. 中国2020年食物与营养发展目标战略分析[J]. 中国食物与营养, 17(9): 5-13.
闫冬梅, 邓远均, 刘凯, 等. 2018. 采用多菌种酿造酱油技术及应用于工业生产的研究进展[J]. 现代食品, (1): 142-146.
闫惠惠. 2019. 全球治理下的气候变化治理研究——评《全球治理: 概念与理论》[J]. 生态经济, 35(3): 230-231.
严留俊. 2008. 改善酱油风味的微生物及工艺研究[D]. 无锡: 江南大学.
燕平梅, 马雁飞, 倪玲. 2011. 发酵食品中微生物多样性研究方法进展[J]. 中国酿造, 30(2): 12-15.
杨兰. 2010. 高盐稀态酱油发酵过程工艺优化及作用机理的研究[D]. 广州: 华南理工大学.
杨林娥, 李婷, 杨宇霞, 等. 2013. 中国食醋的历史、现状与对策[J]. 中国调味品, 38(12): 114-117.
杨明泉. 2018. 酵母抽提物对酱油酱醪液态发酵的影响研究[J]. 中国调味品, 43(5): 90-93.
佚名. 2016. 国务院办公厅印发《关于开展消费品工业“三品”专项行动营造良好市场环境的若干意见》[J]. 轻工标准与质量, (3): 6-8, 45.
于林, 陈义伦, 吴澎, 等. 2015. 我国史籍记载的酱及酱油历史起源研究[J]. 山东农业大学学报, 17(1): 14-17.
于志宏. 2018. 气候变化, 是环境问题, 更是经济问题[J]. WTO经济导刊, (10): 1.

余乾伟. 2010. 传统白酒酿造技术[M]. 北京: 中国轻工业出版社.

余永建. 2014. 镇江香醋有机酸组成及乳酸合成的生物强化[D]. 无锡: 江南大学.

臧旭恒. 2018. 如何实现供求关系新的动态均衡[J]. 人民论坛·学术前沿, (2): 52-57.

张宝善. 2014. 食醋酿造学[M]. 北京: 科学出版社.

张荣展, 牛纪伟, 杜宏福, 等. 2016. 天津独流老醋醋酸发酵过程中细菌群落多样性及动态变化研究[J]. 现代食品科技, 32(5): 85-90.

张维民. 2003. 利用有机废弃物制造生物发酵活性有机肥料的生产方法及其装置[P]: CN03102255.3.

张文学, 杨瑞. 2001. 工程菌在柑桔醋饮料研制中的应用[J]. 中国酿造, 20(3): 11-15.

张艳芳. 2009. 多菌株制曲促进酶系优化与提高酱油质量的研究[D]. 无锡: 江南大学.

张泳, 赵力超, 贺丽苹, 等. 2014. 低温连续相变制备酱油渣膳食纤维及其特性研究[J]. 现代食品科技, 5: 185-190.

赵维克. 2016. 酱油的分类及各自特性的介绍[J]. 食品安全导刊, (33): 98.

中国酒文化. 2019. https://baike.baidu.com/item/%E4%B8%AD%E5%9B%BD%E9%85%92%E6%96%87%E5%8C%96/85580?fr=aladdin[2019-1-15].

中华人民共和国国家质量监督检验检疫总局, 中国国家标准化管理委员会. 2011. GB/T 18623-2002 地理标志产品 镇江香醋[S]. 北京: 中国标准出版社.

中华人民共和国国家质量监督检验检疫总局, 中国国家标准化管理委员会. 2013. GB/T 19777—2013 地理标志产品 山西老陈醋[S]. 北京: 中国标准出版社.

中华人民共和国环境保护部. 2007. 建设项目环境影响评价报告表——剥隘七醋厂搬迁改扩建工程项目[R]. 云南文山. https://wenku.baidu.com/view/575d228e5022aaea988f0f3a.html[2019-02-25].

中华人民共和国环境保护部. 2016. 建设项目环境影响评价报告表——献县甜香酱醋厂年产量 3 万吨酱油醋项目[R]. 河北沧州. https://max.book118.com/html/2018/0621/174040519.shtm[2019-02-25].

周其洋. 2009. 酱油生产菌菌种改良及其工艺的研究[D]. 无锡: 江南大学.

周素梅, 刘丽娅. 2014. 强化营养科学指导 推进主食加工业健康发展——由《中国食物与营养发展纲要(2014—2020 年)》解读我国主食加工业发展[J]. 农业工程技术, (3): 4-6.

朱明田, 李德舜, 方善康, 等. 1990. 分解生淀粉菌种黑曲霉 36-1 的筛选及其在生料制醋中的应用[J]. 上海调味品, (4): 18-20.

朱扬玲. 2009. 采用 PCR-DGGE 方法研究浙江玫瑰醋酿造过程中的微生物多样性[D]. 杭州: 浙江工商大学.

邹东恢, 邹丰谦, 郭宏文. 2017. 食醋的加工特点与设备选型及展望[J]. 中国调味品, 42(8): 67-70.

Ansah H K. 2011. Characterization of microorganisms involved in the second stage of soy sauce fermentation (moromi) and studies on the shelf life of soy sauce[D]. Kumasi: Kwame Nkrumah University of Science and Technology.

Chou C H, Liu C W, Yang D J, et al. 2015. Amino acid, mineral, and polyphenolic profiles of black vinegar, and its lipid lowering and antioxidant effects *in vivo*[J]. Food Chemistry, 168: 63-69.

Hayashida Y, Hatano M, Tamura Y, et al. 2001. 4-Hydroxy-2,5-dimethyl-3(2*H*)-furanone

(HDMF) production in simple media by lactic acid bacterium, *Lactococcus lactis* subsp. cremoris IFO 3427[J]. Journal of Bioscience Bioengineering, 91(1): 97-99.

Machida M, Yamada O, Gomi K. 2008. Genomics of *Aspergillus oryzae*: learning from the history of koji mold and exploration of its future[J]. DNA Research, 15(4): 173-183.

Nie Z, Yu Z, Min W, et al. 2013. Exploring microbial succession and diversity during solid-state fermentation of Tianjin Duliu mature vinegar[J]. Bioresource Technology, 148(8): 325-333.

Peng Q, Yang Y, Guo Y, et al. 2015. Analysis of bacterial diversity during acetic acid fermentation of Tianjin Duliu aged vinegar by 454 pyrosequencing[J]. Current Microbiology, 71(2): 195-203.

Song Y R, Jeong D Y, Baik S H. 2015. Monitoring of yeast communities and volatile flavor changes during traditional Korean soy sauce fermentation[J]. Journal of Food Science, 80(9): 2005-2014.

van der Sluis C, Tramper J, Wijffels R H. 2001. Enhancing and accelerating flavour formation by salt-tolerant yeasts in Japanese soy-sauce processes[J]. Trends in Food Science Technology, 12(9): 322-327.

Wah T T, Walaisri S, Assavanig A, et al. 2013. Co-culturing of *Pichia guilliermondii* enhanced volatile flavor compound formation by *Zygosaccharomyces rouxii* in the model system of Thai soy sauce fermentation[J]. International Journal of Food Microbiology, 160(3): 282-289.

Wang H, Wei Q, Gui S, et al. 2017. Metagenomic profiling of the bacterial community changes from koji to mash stage in the brewing of soy sauce[J]. Polish Journal of Microbiology, 66(4): 537-541.

Yan Y Z, Qian Y L, Ji F D, et al. 2013. Microbial composition during Chinese soy sauce koji-making based on culture dependent and independent methods[J]. Food Microbiology, 34(1): 189-195.

Yang Y, Deng Y, Jin Y, et al, 2017. Dynamics of microbial community during the extremely long-term fermentation process of a traditional soy sauce[J]. Journal of the Science of Food Agriculture, 97(10): 3220-3227.

索　引